熊《くま》野《の》龍《たき》

監修者――五味文彦／佐藤信／高埜利彦／宮地正人／吉田伸之

［カバー表写真］
長崎市大浦天主堂内部

［カバー裏写真］
真鍮踏絵「ロザリオの聖母」

［扉写真］
「角筈村熊野十二所権現社にある熊野滝」
（『江戸名所図会』）

日本史リブレット 37

キリシタン禁制と民衆の宗教

Murai Sanae
村井早苗

目次

なぜ我々は仏式で葬られるのだろうか

現在、葬儀のありかたは様変わりしたとはいえ、大部分の人々はその死去に際して、葬儀は仏式で執り行なわれるであろう。日頃、特に仏教に熱心に帰依《きえ》していなくても、葬儀は檀那寺《だんなでら》の僧侶によって営まれ、近くに檀那寺が存在しない場合は、葬儀屋が紹介してくれる。なぜ、このように大部分の人々の葬儀が仏式で行なわれるのだろうか。

江戸幕府がキリスト教を禁止したことは、よく知られている。そのために、キリシタンでないことを寺院が証明し、あらゆる階層の人々が寺院に所属するようになり、寺請《てらうけ》・檀家《だんか》(寺檀《じだん》)制度が成立した。このことは、当然、人々の宗教意識を規制し、寺院のありかたに強い影響を与えた。

このような近世（幕藩制）国家における宗教統制についての研究は、多くの先学によって積み重ねられてきた。

辻善之助《つじぜんのすけ》▲は、近世の仏教について『日本仏教史』（近世篇）のなかで「仏教の形式化」と特徴づけ、本末制度、寺院僧侶の階級格式、檀家制度と宗門改、新義異義の禁止などについて詳述している。その他、研究と史料は多岐にわたり膨大であるため、その後の研究は多かれ少なかれ辻の影響を受けており、現在でも近世仏教史における辻史学の位置は重い。この辻の研究を受け継いで藤井学は、近世の民衆は寺請によって寺院に掌握され、宗門改《しゅうもんあらため》によって政治権力の支配組織に組み入れられ、そして民衆の家は、寺を通じて本山に、さらに幕府へと連なり、宗旨人別改《しゅうしにんべつあらため》によって、寺からは檀徒《だんと》として、政治権力からは被支配者たる民衆として把握・組織されることになったとしている。このように藤井は、寺院が権力によって支配の末端機構に位置づけられた点を強調する（「江戸幕府の宗教統制」）。

寺請・檀家制度は、当然、寺請寺院（檀那寺）の存在を前提とする。辻は寺檀制度を「仏教の形式化」の指標としたが、これに対して竹田聴州は、寺請寺院は

▼**辻善之助**　一八七七〜一九五五年。歴史学者。東京大学史料編纂所初代所長。『日本仏教史』『日本文化史』『海外交通史話』などの著書がある。一九五二年文化勲章受章。

寺請の制度化より一時代以前の段階で成立・展開を終わっており、近世寺檀関係の基盤は民衆の「家」の存立にあり、それゆえに寺請制の開始以前に始まり、その廃止後も引き継がれたとしている（「近世社会と仏教」）。この近世の寺檀関係を「小農自立」や「家」の成立との関連でとらえる姿勢は、大桑斉《おおくわひとし》にもみることができる。大桑は、近世民衆の家の成立が寺檀関係の基盤を準備し、それらを檀家として把握することにおいて近世的な寺院が成立し、ここに結ばれた寺檀関係が、幕府によって制度化されて寺檀制度となったことを主張している（『寺檀の思想』）。

寺請・檀家制度が、キリシタン禁制のために幕府によって上から設定されたにせよ、竹田や大桑が指摘するように近世民衆の「家」の成立を基盤とするものにせよ、寺院が支配の末端機構を担うようになったことは、事実として確認してよいだろう。しかしその成立過程を、地域差を考慮しつつ、キリシタン禁制の展開と関連づけて検討していく必要があるのではないだろうか。本書では、この点についてみていきたい。

幕府の宗教統制は、宗門改や寺檀制度を中心に行なわれたが、では民衆の信仰（宗教心）は、この宗教統制の枠内に封じこめられたのだろうか。圭室文雄《たまむろふみお》は、辻の研究業績の克服を目指し、幕藩体制が民衆を信仰のない寺請寺院に固定しようとしても、民衆の信仰は幕藩体制の枠からはみだした宗教へ動いており、寺請寺院から離れ、祈禱的性格の強い仏教に移っていると述べている（『江戸幕府の宗教統制』）。宮田登は、様々な流行神《はやりがみ》が近世の民衆をとらえていたことを指摘し、その社会的意味について言及する（『近世の流行神』）。そして高埜利彦《たかのとしひこ》は、神職・山伏・陰陽師《おんみょうじ》などの諸民間宗教者について着目し、これらへの統制について検討している（『近世日本の国家権力と宗教』）。

私は、かつてキリシタン禁制を梃子《てこ》として成立した宗教統制の特質を、民衆を寺院に束縛しながらも、寺院の民衆への布教活動を規制するという二面的な性格を持たせ、仏教が宗教として新たな活動をすることを否定したものであるとした（『幕藩制成立とキリシタン禁制』）。では実際に、寺院は地域においてどのような存在だったのだろうか。近年齋藤悦正《よしまさ》は、寺院の地域における位置や諸機能について検討している（「近世社会の『公』と寺院」「近世新田村における村落寺院」など）。本書では、諸地域における民衆の宗教生活の実態を明らかにし、さらに支配機構の末端に位置づけられた寺院が、民衆の宗教生活にどのように関わったのか、また地域において果たした役割についてもみていきたい。

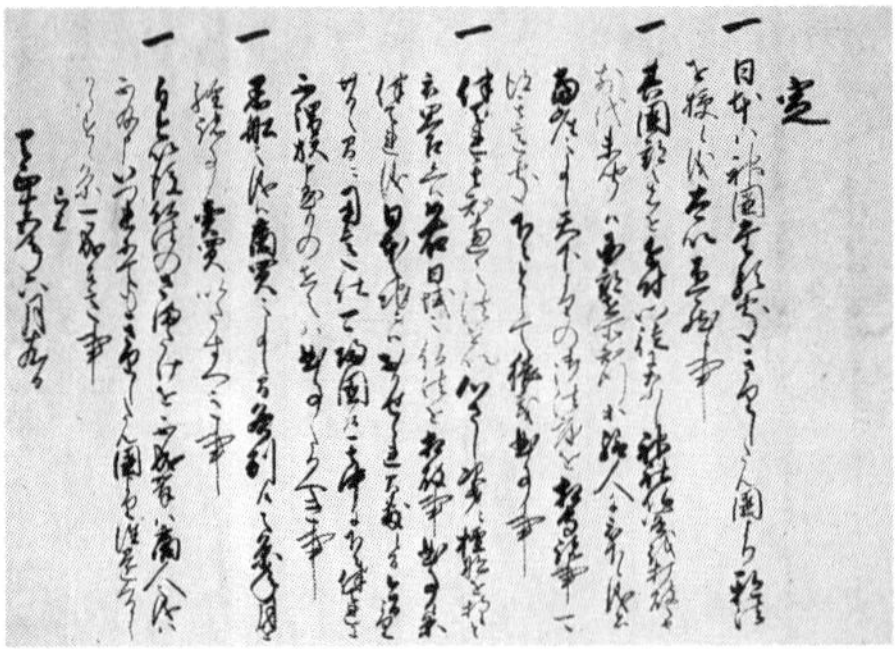

●—伴天連追放令　一五八七年に豊臣秀吉が九州平定直後に博多で出した法令。キリシタンを邪法として、宣教師を二〇日以内に追放することを命じた。しかしポルトガル貿易は従来通りとしたため、あまり効果はなかった。写真は平戸の領主松浦氏に伝わった写。

①—キリシタン弾圧の展開

キリシタン禁制の開始

一六一二(慶長十七)年八月六日、江戸幕府は五カ条の「条々」を出すが、その第二条で「伴天連《バテレン》門徒《もんと》御制禁《ごせいきん》なり、若《も》し違背の族は、忽ち其の科《とが》を遁れべからざる事」(『御当家令条』巻二九・三七三号)と、キリスト教禁止を表明した。この禁令の対象地域については、幕府直轄領とするもの、関東地域とするもの、全国とするものなど諸説がある。しかし、いずれにせよ幕府は、この時点でキリスト教の禁止を表明したのであり、一五八七(天正十五)年六月に豊臣秀吉によって発令されたいわゆる「伴天連追放令」が、布教を規制したが信仰を禁止しなかったのに対し、徳川政権は信仰そのものを禁止するに至ったのである。

さらに一六一三年十二月、徳川家康の側近金地院崇伝《こんちいんすうでん》が神道・儒教・仏教の三教一致思想によるキリシタン排除を宣言した「伴天連追放文」を執筆し、これが将軍秀忠によって日本国中に布告された。そして幕閣の筆頭年寄大久保忠隣《ただちか》がキリシタン総奉行に起用され、京都における弾圧が始まった。忠隣はまもなく、本多正信・正純父子▲との抗争に敗れて改易《かいえき》されるが、一六一四年に至り、幕府はキリシタン禁制を本格的に推進するようになった。

慶長禁令への各地の対応

では慶長末年より始まるキリシタン禁制に対して、各地域はどのように対応したのだろうか。まず一六一二（慶長十七）年八月六日令についての、各地の状況をみていこう。

豊後（現大分県）は戦国期にはキリシタン大名大友義鎮《よししげ》（宗麟《そうりん》）の本貫の地であったために、キリシタンが数多く存在していた。一五九三（文禄二）年、大友吉統《よしむね》は豊臣秀吉から朝鮮出兵中の罪を糺《ただ》されて豊後を没収された。以後、豊後は「小藩分立」状態となり、これは関ヶ原の戦い後も引き継がれた。江戸幕府がしばらくキリスト教布教を黙認したこともあって、豊後では布教が再燃していた。しかし一六一二年のイエズス会年報▲によれば、同年八月の幕府の禁令によって、それまでキリシタンに好意的だった臼杵《うすき》藩（稲葉氏、現臼杵市および周辺）は、態度を一変させてただちに迫害を開始し、その領内のレジデンシャ▲に在住

▼本多正信・正純父子　正信は徳川家康に近侍し、家康が駿府に移ると謀臣《ぼうしん》として活躍。正純は父とともに家康に近侍して政権の枢要に位置したが、家康の死後失脚。

▼イエズス会年報　一五七九（天正七）年から日本イエズス会が巡察使ヴァリニャーノの指示により、年度報告をローマのイエズス会総長に送ったもの。寛永期（一六二四〜四四）まで作成された。

▼レジデンシャ　駐在所の意味。イエズス会の教育機関コレジヨに付属する施設。

していたパードレたちを追放している。また府内藩(竹中氏、現大分市)でもキリシタン弾圧を始めたが、岡藩(中川氏、現竹田市および周辺)ではこの時期には宣教師の滞在を黙認していた。すなわち豊後諸藩では、例外はあるにせよ、一六一二年八月の禁令に対しておおむね即座に対応したといえよう。

それでは、キリシタンがあまり存在していなかった地域の例として、岡山藩の場合についてみていこう。岡山藩の前史は、一五七三(天正元)年に宇喜多直家が岡山城を居城としたことに始まる。一五八一年に直家は死去し、その子秀家が遺領を継いだ。秀家は豊臣秀吉に重用され、一五九八年に秀吉が没すると五大老の一人となった。一六〇〇年の関ヶ原の戦いでは西軍に属して敗北し、後に八丈島に流刑となった。宇喜多氏没落後、一六〇一年に小早川秀秋が岡山に入城したが、翌年に死去して断絶した。

翌一六〇三年、播磨姫路城主池田輝政の二男忠継が備前二八万石を与えられたが、忠継は僅か五歳であったために代わって兄利隆が岡山に入城し、利隆は一六一三年まで一〇年間、岡山藩政を担当した。この時期に利隆の家臣の中には複数のキリシタンが存在していた。たとえば後に岡山城下で牢死する朝鮮生

●—サンチャゴの鐘(竹田市)

●—キリシタン洞窟礼拝堂　岩壁をくり抜いた中の広さは、幅3メートル・奥行3メートル・高さ3.5メートルあり、三つの開口部がある(竹田市)。

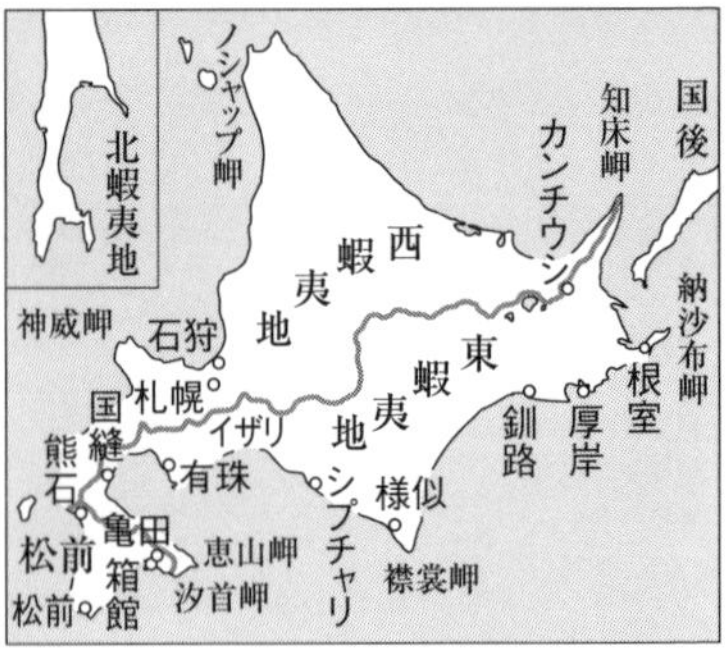

●——蝦夷島(北海道)

まれのキリシタン市兵衛は、主人である利隆家臣の那須久左衛門の勧めでキリシタンになっている。そして一六一二年の禁令によっても、岡山藩でキリシタン禁制が始められたという形跡はみられない。

さらに、眼を北方に転じてみよう。幕藩体制下の蝦夷島《えぞがしま》(北海道)は、渡島《おしま》半島の南西部に成立した松前藩(和人地・シャモ地)と広大な蝦夷地(アイヌ社会)よりなっていた。この蝦夷の地へのキリシタンの伝道は、一六一三年に堺《さかい》のキリシタン医師が松前藩に招かれたことに始まるといわれる。つまり幕府の禁令以後に、布教が始まったのである。

以上、一六一二年の幕府の禁令に対する各地域の対応についてみてきたが、次のような点が明らかになったといえよう。つまり、キリシタンが数多く存在した豊後諸藩では、ほとんどの地域で即座に禁令に対応して宣教師の追放などを行なったが、岡山藩では特に禁令を実施せず、松前藩に至っては禁令以後に布教が始められている。このように慶長末期の幕府の禁令に対しては、地域によって、事情によって足並みが揃わなかったといえよう。

キリシタン禁制の展開Ⅰ——元和期(一六一五〜二四)

一六一四(慶長十九)年一月、日本各地の宣教師や高山右近《うこん》らの有力キリシタンが長崎に集められ、秋にマカオやマニラに追放された。同年冬と翌一六一五年夏の両度にわたる大坂の陣によって弾圧は中断されるが、以後、キリシタン禁制が進展していった。

このような状況のなかで、豊前および豊後国東《くにさき》・速見《はやみ》両郡の大名細川忠興《ただおき》は、一六一四年に江戸から国元の家老に手紙を送り、キリシタンの転宗を強制した。忠興の夫人明智氏は、キリシタン史上に名高いガラシャであった。ガラシャは、関ヶ原の戦いの際に石田三成の要求を拒んだためすでに死去していたが、その一族や家臣にもキリシタンが多かった。そのためもあって忠興は、キリスト教布教を保護していた。しかし、一六一一年にガラシャの指導司祭グレゴリオ・デ・セスペデスが病死すると、忠興は領内から宣教師を追放するに至った。忠興の命令で、豊前下毛《しもげ》郡ではキリシタン改《あらため》が行なわれ、一二七人が転び、くるす・ごゑい・こんたす・いまぜ・くりきの物などキリシタンの聖具を提出している。

▼**くるす**　十字架。

▼**ごゑい**　御影。キリストまたはマリア像などを描いた小型の聖画像。

▼**こんたす**　祈りを数える念珠。

▼**いまぜ**　ポルトガル語のImagemで、御影と同じ意味。メダル類もさす。

▼**くりきの物**　『コリャード羅西日辞典』ではcuriqi no monoは、Reliquiaつまり聖遺物のことである。具体的にどのような聖遺物をさすのかは不明である(海老澤有道氏のご教示による)。

一方豊後では、国内にいた宣教師が長崎に送られた後に迫害が始まった。この一六一四年に、多くのキリシタンが転宗することになった。一六二〇(元和六)年、それまでキリシタン弾圧に消極的だった豊後岡藩主中川久盛は、「将軍の寵《ちょう》を失ふことなく、又領内に於ける自らの位置を安固《あんこ》にするため」(『日本切支丹宗門史』▲中巻)迫害を始めた。一六二二年のイエズス会年報には、「小藩分立」の豊後にあって各領主は、改易《かいえき》の恐怖にさらされつつ自らの意志というよりは、「日本国王(徳川秀忠)への従順」の証として弾圧を励行《れいこう》したと記されている。

岡山藩では、この時期にキリシタンはどのような状況に置かれていたのだろうか。一六一三年、播磨姫路城主池田輝政が死去したために、弟忠継に代わって岡山藩政を担当していた利隆(輝政長男)は、父の遺領を継いだ。そして父のもとにいた忠継(輝政二男)が岡山に入城したが、二年後の一六一五年に一七歳で死去し、弟忠雄《ただお》(輝政三男)が備前一国を領有することになった。

忠雄治政期のキリシタンの状況について、一六一九年度のイエズス会年報には、イエズス会の宣教師が中国・四国地方を巡回したと記されている。岡山については「備前藩の首都岡山は繁華な都会であるが、秘蹟を授かる為に切支丹

▼日本切支丹宗門史　フランス人東洋学者レオン・パジェスにより編纂された、一五九八(慶長三)年から一六五一(慶安四)年までの日本キリシタン布教史。吉田小五郎の翻訳によって上・中(一九三八年)、下(一九四〇年)の三巻として岩波文庫に収められた。

●──池田氏略系図

- 輝政
  - 利隆
    - **光政**
    - 恒元（播磨宍粟領主）
  - 忠継
  - 忠雄
    - 光仲（鳥取藩主）
  - 輝澄（播磨宍粟領主）
  - 政綱（播磨赤穂領主）
  - 輝興（播磨佐用領主）

●──**池田光政画像**　池田継政（光政の孫）筆

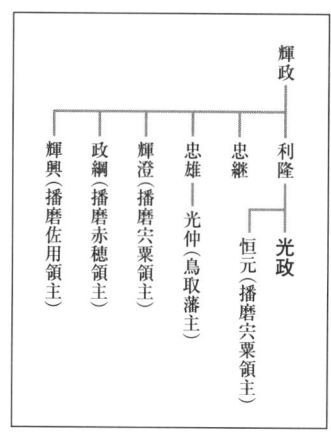

が犇々《ほんほん》と押寄せるので騒《さわぎ》が起こったり、新たに嵐が起こったりしてはならぬと気遣ひ、控目にさせるの已《や》むなきに至った程」であった。けれども翌一六二〇年になると、武士を除くキリシタンは棄教か追放かの選択を迫られ、一六二四（寛永元）年になると武士を含む全てのキリシタンが追放された。しかし追放という処分のみで、本格的な弾圧は行なわれなかった。

次に、後の寛文年間（一六六一～七三）に大規模なキリシタンの露顕《ろけん》が起こり、約一〇〇〇人が処刑された尾張藩についてみていこう。尾張藩は、一六一五年の大坂の陣後に事実上成立した。『日本切支丹宗門史』によれば、一六一五・一六二〇・一六二一年にイエズス会の宣教師が同地を巡回している。つまり元和年間には、ほとんど禁制は開始されていないのである。

ここで、近世日本の異域▲として位置づけられる琉球と蝦夷におけるキリシタンの問題について、みてみよう。

一六〇九年、それまで独自に王国を形成してきた琉球は、薩摩島津氏の侵攻によって薩摩藩の支配下に入ることになる。琉球は、マニラと日本とを結ぶ航海ルートの中継点に位置していたために、キリシタン禁制下の日本への宣教師

▼**異域**　ここでは近世日本の国際関係を「異国」と「異域」にわけ、「異国」を国家あるいはその国の商人と交流する国家、「異域」を幕藩体制の力が大きくその地の政治経済を規制している地域とする。

潜入の経由地として期待され、一六二〇年代にまずスペイン系修道会によって潜入が図られた。この時期に琉球は、薩摩藩の支配下に入ったとはいえ、キリシタン禁制は及んでいなかったのである。一六三〇年代になると、イエズス会も日本渡航の経由地として琉球に注目することになる。

　幕府は、一六一四年秋に外国人宣教師や主要な日本人キリシタンをマカオやマニラへ追放したが、一方この時に、多くのキリシタンが津軽に流刑となった。一六一七年、津軽でも弾圧が始まった。そのために津軽のキリシタンは、蝦夷の地へ流入することになった。当時、松前では金山が開鑿《かいさく》され、金掘人夫《かねほりにんぷ》の需要が大きかったのである。キリシタンたちは、金掘人夫として金山に四散していった。

　一六一八年、イエズス会宣教師ジェロニモ・デ・アンジェリス▲は、宣教師として初めて蝦夷へ渡った。津軽から蝦夷へ上陸したアンジェリスは、松前に一〇日間滞在した。この時に松前藩主松前公広は、「パードレの松前に見えることはダイジモナイ、なぜなら天下がパードレを日本から追放したけれども、松前は日本ではない」と語ったと、アンジェリスはその報告書に記している（H・

▼ジェロニモ・デ・アンジェリス　一五六八〜一六二三年。イエズス会宣教師。一六一八(元和四)年に宣教師として初めて蝦夷島に渡り、一六二一年に再訪。その「蝦夷報告」は各国語に翻訳され、ヨーロッパにおける蝦夷研究の主要な史料となった。江戸で殉教。

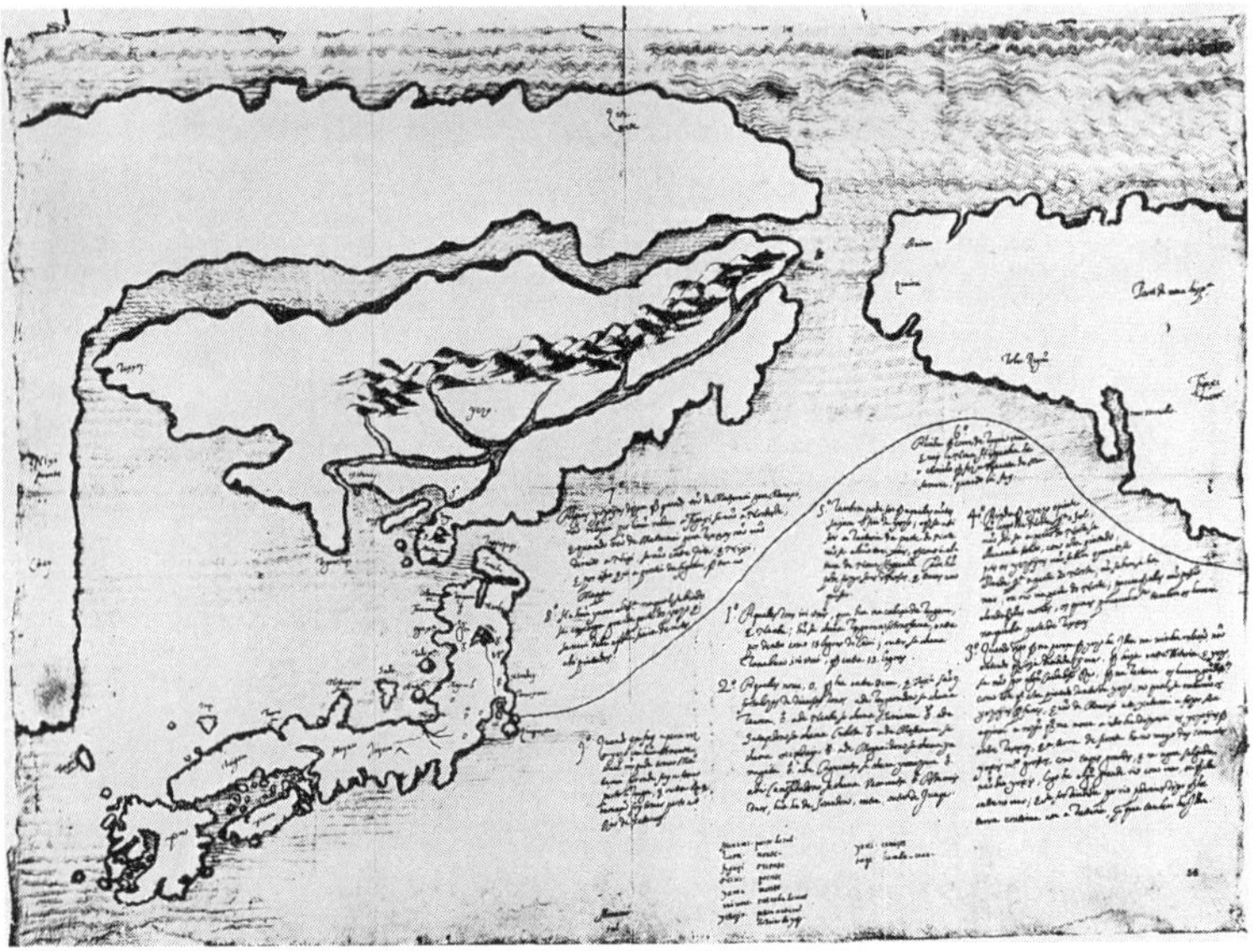

●──アンジェリスの蝦夷地図

チースリク編『北方探検記』)。ここから、この時期に松前ではキリシタン禁制が実施されていないことがわかる。そして松前氏が、松前は日本ではないからキリシタン禁制は及ばないとした点が、注目される。

アンジェリスが蝦夷の地を去るとすぐに、松前氏はキリシタン禁制を布告した。二年後の一六二〇年に蝦夷に渡った同じくイエズス会宣教師ディエゴ・デ・カルヴァリヨ▲は、「パードレ(アンジェリス)が帰ってしまうと、天下が禁じている故に、松前の住民は一人でもキリスト教信者になってはならないとの法度を出しました。然し〔他国から松前へ〕往復する者を大して気にしないのです」と記している(『北方探検記』)。このように松前氏は、一六一八年に幕府の意向に従ってキリシタン禁制を布告した。しかし、その実施はあまり励行されず、金掘を含む他国から往復する者にはほとんど適用されなかった。またこの布告は松前の住民のみを対象とし、アイヌ社会には及んでいない。

以上、元和年間の各地域におけるキリシタン禁制の展開についてみてきたが、次のような点が指摘できるだろう。つまり、九州地域を除いては、禁制は全く、あるいはほとんど始まっていないのである。たとえば後に多くのキリシタンが

▼ディエゴ・デ・カルヴァリヨ
一五七八〜一六二四年。イエズス会宣教師。一六二〇年に蝦夷島に渡り、同地における最初のミサを挙げた。この時の記録は当該時期の資料として貴重。仙台で殉教。

露顕する尾張藩では、この時期にはほとんど禁制は行なわれていない。禁制の実施は、必ずしもキリシタンが数多く存在したか否かと関連しないのである。九州地域のみでキリシタン禁制が実施されたのは、幕府が禁制を開始するにあたって、戦国期以来キリシタンが多く、その上この時期には未だ徳川権力の浸透が十分になされていなかった九州に照準をあわせたからではないだろうか。幕府による九州支配が進展するのは、後述するように島原・天草一揆の終結以後なのである。

キリシタン禁制の展開Ⅱ――寛永期(一六二四〜四四)

次に、寛永年間における各地域のキリシタン禁制の状況についてみていこう。まず臼杵藩についてであるが、処刑ないし転宗強制によるキリシタン掃討は、一六三三年頃にほぼ終了している。以後、キリシタン禁制政策が本格的に実施されていくが、一六三四年には転びキリシタンを対象として絵踏《えふみ》▲が始められる。翌一六三五年には藩庁より各キリシタンの家へ棄教請文が渡され、各家ではこれに家族全員が署名・血判して、檀那寺《だんなでら》に持参して寺の裏判をもらい受け、藩

▼**絵踏**　キリシタン摘発のため、嫌疑者にキリストやマリアの画像を踏ませたこと。寛永年間に長崎で始められた。踏む絵のことを踏絵というが、絵踏と踏絵は混同して使われることが多い。

●―踏絵「ロザリオの聖母」

▼老中奉書　老中が将軍の意を承って出す命令。書簡形式をとる。

庁に提出している。この「寛永十二年之誓詞文《せいしもん》」により、「きりしたん宗門御《しゅうもんお》改之御帳《あらためのおんちょう》」が作成された。つまり、寺院がキリシタンでないことを証明する寺請・檀家制度が始まった。しかしこの時期においては、絵踏も寺檀制度も、転びキリシタンのみを対象としていた。

臼杵藩と同様に、その後寛文年間（一六六一〜七三）に多くのキリシタンが露顕した尾張藩についてみてみよう。同地方では寛永年間に至っても、宣教師が巡回していた。そして尾張国丹羽《にわ》郡高木《たかぎ》村（現愛知県扶桑町）では、この時期に初めて布教が開始されるといった状況であった。

しかし一六三一年に至り、キリシタン五七人が検挙され、その中の四人が火刑《かけい》に処せられ、残り五三人は入牢となり、さらにその中の四四人が江戸に送られた。一六三五年九月十日、幕府からキリシタン改《あらため》を励行するようにという老中奉書《ほうしょ》▲が到来した。同月二十三日に家臣を城内に集め、キリシタンの訴人をなすものに褒美《ほうび》を与える旨を告げ、このことを名古屋町中に制札を立てて命じた。さらに十月にはキリシタン摘発のために藩士を領内に巡検させ、この時に美濃国可児《かに》郡塩《しお》村（現岐阜県可児市）付近でもキリシタンが召し捕らえられた。

この塩村は、後にキリシタン大量露顕の発端の舞台となった。これらの尾張藩の処置に対して、十一月二十一日に将軍家光は、尾張藩士を召してなお一層の吟味《ぎんみ》を命じている。

以後、幕府は尾張藩内のキリシタンを名ざしで指定して召捕りを命じ、尾張藩はこれに応えて捕縛したキリシタンの大部分を江戸に送り、幕府の処置に委《ゆだ》ねている。また一六四三年には幕府の命令によって、宣教師潜入を防止するための見張所を知多郡師崎《もろざき》・常滑《とこなめ》・福田の三カ所に設置した。しかし、概して尾張藩はキリシタン弾圧に消極的で、たとえば前出の丹羽郡高木村では、明暦・万治年間(一六五五〜六一)に至っても、秘密裡とはいえかなり大胆にキリスト教が広められていた。

尾張藩におけるこの時期の弾圧状況について注目すべき点は、幕府が尾張藩内の個別のキリシタンについて情報を把握しており、幕府の主導権のもとに弾圧が遂行されたということである。尾張藩は、キリシタン問題については自ら裁量する自分仕置権《じぶんしおきけん》を、この時期にすでに放棄していたといえるだろう。

次に、岡山藩の場合をみていこう。岡山藩では一六二〇(元和六)年に至ってようやくキリシタンの追放が始められ、寛永初年にキリシタン改が行なわれて何人かのキリシタンが転び、転ばなかった場合は追放となった。一六三二年、池田忠雄が死去し、その子光仲は三歳だったために備前から因幡・伯耆に移され、代わって従兄の池田光政が岡山に入った。光政は、入封後まもなく一六三四・三五年にキリシタン改を行ない、一六三四年にはキリシタンの柴田五兵衛が処刑され、翌年十一月二十日には鍔売《つばう》り山田治右衛門・つのや孫兵衛・時計屋四郎兵衛の三人が火刑となった。一方この時に、岡山城下ではすでに転んでいたキリシタンに絵踏を実施し、日本《にほん》誓詞と南蛮《なんばん》誓詞を提出させ、転びを確認している。

つまり岡山藩では、キリシタン改は池田忠雄治政期と光政治政期の二段階にわたって行なわれ、キリシタンは忠雄治政期の改によって転び、光政による改で転びが確認されたのである。この時期に岡山藩は、自らの裁量でキリシタン禁制を推進しており、キリシタン問題に関する自分仕置権を保持していたといえよう。

薩摩藩支配下にあった琉球王国では、元和年間にはキリシタン禁制は及んで

▼**日本誓詞**　神仏の名にかけて誓約する文書。契約に際して厳守すべきこと、違背した場合に神仏の罰を受けることが記された。

▼**南蛮誓詞**　キリシタンが棄教した場合、再びもとの信仰に立ち戻らない旨を、あるいは単にキリシタンでないことを明らかにするために、デウスやサンタ・マリアなどの名にかけて誓った起請文。

いなかった。そして寛永期に至っても、宣教師の流入は続いていた。一六三三年に至り、薩摩藩は琉球に南蛮人の来航を取り締まるように命じた。すでに幕府は、一六二四年にスペインとの国交を断絶していたから、琉球に南蛮人来航阻止が命じられたのは、幕府の禁令から約一〇年後ということになる。しかし翌一六三四年にスペイン人が琉球の海岸に漂着して役人から取調べを受けたが、宣教師でないことが確認されると釈放されている(『日本切支丹宗門史』下巻)。この段階での南蛮人来航阻止は、宣教師に限られていたと考えられる。

一六三六年になると、薩摩藩は琉球に、薩摩藩が琉球に駐在させていた在番《ざいばん》奉行の指図によるキリシタン改の実施を命じた。同年秋にドミニコ会宣教師四人と同行の日本人キリシタンがマニラから潜入したが、彼らは直ちに捕らえられて琉球から薩摩へ、さらに長崎に送られて、翌年に殉教している。以後、宣教師潜入阻止を中心に禁制が強化されていく。薩摩藩は、幕府の禁令に先立ってキリシタン禁制を実施していたが、その支配下にあった琉球では、一六三三年に至ってようやく宣教師潜入阻止が命じられ、その後禁制が強化されていくが、これはいわゆる「鎖国」の成立と軌を一にしている。

最後に、北方の蝦夷の地についてみてみよう。元和年間にイエズス会宣教師アンジェリスやカルヴァリヨが渡島して布教を試みたが、アンジェリスは一六二三年に江戸で殉教し、カルヴァリヨは翌年に仙台で殉教した。しかし蝦夷の地では、寛永期に至っても密かに布教が続けられていた。一六三五年の南部藩の宗門改史料に、松前に住んでいる「いせか右衛門」から洗礼を受けたキリシタンが登場する（『松前町史』通史編）。つまりこの時期に、松前には洗礼を授けることのできるキリシタンがいたことになる。

以上、寛永期における各地のキリシタン禁制の状況についてみてきた。この時期には、日本全国でキリシタン禁制がようやく実施されるようになった。しかしその実施のありかたは、各地域の事情によって異なっており、摘発や禁制政策の推進に積極的な藩も消極的な藩もあった。また、幕府の各藩に対するキリシタン弾圧政策への介入も、地域による違いがあったのである。

島原・天草一揆とその影響

一六三七（寛永十四）年十月下旬、島原・天草一揆が勃発《ぼっぱつ》した。この一揆については、従来その原因・性格をめぐって、また幕藩制国家の確立との関係について、多くの研究が積み重ねられてきたが、ここではこの一揆が、その後のキリシタン禁制の展開にどのような意味を持ったのかについて考えたい。

一揆勃発の報をうけた九州諸藩は、豊後府内目付《ふないめつけ》のもとに急使を送って指図を求めた。これは、僅か二年前に出された武家諸法度によれば、近隣の地域でどのような事態が勃発しても江戸からの指図なしには、諸大名は出兵できなかったことによっている。この府内目付とは、一六二三(元和九)年に豊後に配流された越前宰相松平忠直《ただなお》▲の動静監視のために置かれたものである。府内目付牧野伝蔵成純・林丹波守勝正は、九州諸藩に出兵を許可せず、江戸および大坂城代に急使を立てた。この急使は十一月五日に大坂に到着し、大坂城代阿部備中守正次は、とりあえず北九州諸藩に街道筋の封鎖と武具の取締りを布告している。

十一月十六日、京都所司代板倉周防守重宗・大坂城代阿部備中守正次らの豊後諸藩に宛てた廻文《かいぶん》が、岡藩から臼杵藩に到来した。この廻文では、かつてのキリシタン大名大友氏の旧領国である豊後諸藩に対して、転びキリシタンが島

▼**松平忠直**　一五九五〜一六五〇年。江戸初期の福井藩主。家康の二男結城秀康の長男。大坂の陣に出陣して戦功をあげたが、所領の加増がなかったために幕府に不満を持ち、不遜な行動が多かったので改易された。豊後府内に配流され同地で病死。

原一揆に参加しないように命じている。逆に言えばこの廻文から、豊後諸藩にもキリシタン一揆が波及する可能性が濃厚だったことが推察されるであろう。

一揆が波及する可能性を持った地域は、豊後諸藩のみではなかった。天草に隣接する肥後藩は、一揆の領内への波及を危惧《きぐ》し、領内の警備に努めている。九州は戦国期以来、キリシタンの盛んな地域であった。そのために一揆側にも、一揆に加担するものが出てくるだろうという期待があった。つまり島原・天草一揆は、キリシタン一揆であるゆえに大規模な闘争になりえたのであり、さらに九州全域への波及の可能性を孕《はら》んでいたのである。

そのうえ九州は、徳川政権下では政権の最周辺部に位置し、寛永期においては漸く徳川権力の浸透が緒についたばかりであった。一揆後幕府は、譜代藩の集中配置、幕府領の広汎な成立と大名預《あず》け地《ち》方式に代わる代官支配の原則の確立などによって、九州支配の進展を図っていった。ここではさらに、一揆を一つの契機として、長崎奉行▲が常駐体制をとるようになったことについて、若干考察してみよう。

一揆勃発当時、長崎奉行は二名とも長崎に駐在しておらず、諸藩は豊後府内

▼長崎奉行　江戸幕府が長崎に置いたもので、外交・通商・司法事務を管掌。元来ポルトガル貿易を担当し、貿易を行なう時期のみ長崎に駐在したが、島原・天草一揆以後常駐するようになり、九州における幕府の出先機関としての役割を果たした。

目付のもとに使いを送り指示を求めた。しかし府内目付の任務は松平忠直の監視であり、諸大名に出兵を下知《げち》する権限はなかった。しかしそれにもかかわらず諸大名から指示を求められ、また大坂城代は北九州諸藩に、府内目付の指図に従うように指令している。このように府内目付がその任務を越えて、九州における幕府の出先機関としての役割を果たさざるをえなかったことが、当時の幕府の九州支配の現実だったのではないだろうか。

一揆終焉後の一六三八年十一月、馬場利重・大河内正勝が長崎奉行に任命されて一年おきに長崎に下向するように命じられ、以後長崎奉行は常駐になる。この時点で正式に老中配下の奉行となり、組織的に確立されることになった。一揆当時に府内目付が潜在的に持っていた任務とその限界が、一揆後長崎奉行に引き継がれて発展していった面もあるのではないかと考えられる。一揆後、島原藩主松倉氏は改易され、高力《こうりき》氏が入封して譜代島原藩が成立する。高力氏は長崎を軍事力によって防備し、変事にあたっては九州諸大名を軍事的に指導する立場にあったといわれる。長崎奉行は、近接地域への譜代大名領の成立によって軍事的にも補強され、幕府による九州支配の要になっていったのである。

●—原城跡から出土した火縄銃弾と銃弾を改鋳してつくったとみられる十字架　ともに鉛製。

●—原城本丸跡　島原・天草一揆で一揆軍は、島原半島南部にある原城を拠点として戦った。

北方の蝦夷の地では、一六三九年、松前藩においてキリシタン一〇六人が処刑された。処刑の対象者はいずれも金掘人夫であり、松前の住民ではなかったといわれるが、松前藩の記録によれば、島原・天草一揆が起こり、それが平定されたためにキリシタンの処刑が行なわれたというのである。かつて一六一八年、「松前は日本ではない」から幕府の禁制は及ばないとした松前藩は、島原・天草一揆終焉《しゅうえん》後の一六三九年に至って、ついにキリシタン弾圧を実施したのである。

以上みてきたように島原・天草一揆を殲滅《せんめつ》した幕藩制国家は、その支配の辺境の地である九州を手中に収めた。そしてこの一揆の終焉を契機として、北方における支配の辺境の地である松前にもキリシタン禁制を実施させたのである。

②—キリシタン禁制制度の確立

寛永末期の状況

島原・天草一揆以後、幕府のキリシタン禁制政策の遂行に関わり始めてきたのは、後に初代宗門改役《しゅうもんあらためやく》となった井上筑後守政重《まさしげ》であった。政重は、一六三二（寛永九）年十二月に水野守信・柳生宗矩《むねのり》▲・秋山正重とともに惣目付《そうめつけ》（後の大目付《おおめつけ》の濫觴《らんしょう》）に任じられ、幕閣に登場した。惣目付としての任務は、江戸城構築の奉行、韓使・琉球使の接待、地方の民情視察など多岐にわたっていた。政重とキリシタン禁制との関係は、一六三八年正月三日、家光より島原への上使に任命されたことに始まる。

島原に着陣した政重は、一揆勢の強靭で執拗な闘争を目のあたりにして衝撃をうけた。さらに、一揆勢への大虐殺を体験したことが、その後政重がキリシタン禁制政策を遂行する際に、大きな影響を与えたであろうことは容易に想像しうる。

島原・天草一揆が終焉した一六三八年末から翌年にかけて、仙台領で三人の

▼**柳生宗矩**　一五七一～一六四六年。江戸初期の剣法家。大和柳生藩主。徳川家光に信任され惣目付となって諸大名の監察に当たった。

宣教師が捕縛された▲。彼らは江戸に送られて、幕府の評定所で四度にわたって穿鑿《せんさく》をうけたが、はかばかしい結果は得られなかった。その後さらに老中酒井讃岐守忠勝の下屋敷で取調べが行なわれ、その席には将軍家光が臨み、禅僧として名高い沢庵《たくあん》▲や柳生宗矩も列席した。しかしそれでも埒《らち》があかず、政重のもとに送られた。そして宣教師らは、政重の取調べによって、転宗あるいは刑死の運命を辿ったのである。

一方政重は、一六三八年から連年、長崎に遣わされ、「長崎政務」、すなわち「鎖国」の成立に関わる諸事務である紅毛人との混血人の国外追放、平戸オランダ商館の破壊(後に長崎に移転)などに責任者として関わった。この功績によって政重は、上総に一万石を領するようになった。しかしこの時点では、一般にいわれるように宗門改役になったわけではなく、あくまでも大目付としてキリシタン禁制政策遂行に関与したのである。また「長崎政務」の一環として、長崎奉行馬場利重と連携して仏僧によるキリシタンへの教化活動にも関わっている。

ともあれ政重は、島原・天草一揆終焉後にキリシタン禁制に深く関与するようになるのだが、その政策の基調は次のようなものであった。すなわち、宣教

▼仙台領での宣教師捕縛　一六三八年から翌年にかけて、仙台領で潜伏しながら布教活動を続けていた岐部ペドロ・式見市左衛門・フランシスコ孫右衛門の三人の宣教師が捕らえられて江戸に送られた。

▼沢庵　一五七三〜一六四五年。江戸初期の禅僧。大徳寺住持。紫《し》衣《え》事件に際して幕府に抗議し、出羽上山に配流。のち許されて徳川家光に重用された。江戸品川東海寺の開山。

師をことごとく死罪にすることによってキリシタンの殉教熱を煽《あお》るのではなく、転宗させることが肝要だというのである（『契利斯督記《きりしとき》』）。安易に拷問を行なうことを戒め、転宗の方法を思案して、従来の血なまぐさい弾圧からの転換を図ったといえよう。

政重は、なぜこのような政策を模索したのであろうか。一六四一年十月七日、オランダ商館長ヤン・ファン・エルセラックはその日記に、政重はキリシタンが多く残存していることを認識しているが、「追々なくなる」ことを目指している、と記している。おそらく島原・天草一揆の余塵《よじん》がいまだ強烈に残存し、権力内部でも民衆支配の局面でも混乱をきたしているこの時期において、幕閣内部はキリシタンが多く残存していることを承知しつつも、キリシタン問題による動揺を抑制し、「追々」キリシタンが消滅するように模索したのではないだろうか。

井上政重によるキリシタン摘発

一六四三（寛永二十）年から岡山藩では井上政重の指示によって、キリシタン

▼**契利斯督記**　江戸初期のキリシタン禁教の記録。初代宗門改役井上政重の手記などを、後任の北条氏長が一六五八（万治元）年頃編集したもの。

▼**オランダ商館日記**　平戸・長崎のオランダ商館長の日記。歴代の商館長が記し、後任商館長への引継ぎ参考資料とした。一六二七（寛永四）年より一八六〇（万延元）年に及び、原本はオランダのハーグ国立中央文書館に納められており、翻訳は一六二七年より一六五四（承応三）年までの分が岩波書店から刊行されている。

摘発を開始した。摘発されたキリシタンは、数十名を超えるといわれる。岡山藩には、一六五九(万治二)年に作成された『備前国吉利支丹《キリシタン》帳』(池田文庫)▲が残されている。同帳に載せられたキリシタンは二三人であり、摘発された全てのキリシタンを網羅しているわけではないが、各キリシタンの名前、身分・職業、訴人の名前・身分、摘発指示者、召捕年、本国、家族、本人および家族の処分などが記され、多くの情報を得ることができる。

『備前国吉利支丹帳』記載の二三人のうち一六人が、井上政重の指示によって摘発されており、そのうち四人が政重のもとに送られている。その他七人のうち一人は大坂町奉行久貝《くがい》因幡守正俊の指示によっており、六人は岡山藩が「自分穿鑿《じぶんせんさく》」、つまり自ら召し捕っており、岡山で三人、江戸で三人が摘発された。このように政重の指示による摘発が圧倒的に多く、政重の指示によらない摘発でも、大坂町奉行の指示によった場合は、その摘発を政重に報告して指図をうけるように指示され、岡山藩の「自分穿鑿」による摘発も政重の指示をうけて召し捕ったキリシタンから得た情報によっている。つまり政重は、この時点で岡山藩内のキリシタンに関する情報を把握していたのである。

▼**池田文庫**　岡山藩主池田家伝来の藩政史料。岡山大学附属図書館所蔵。なお、本書では、早稲田大学が購入した「池田文庫藩政史料マイクロ版集成」を使用させていただいた。

同様の事例は、讃岐高松藩、長州藩、陸奥国二本松藩にもみることができる。各藩では政重の指示によって自領内のキリシタンを捕縛し、そのうち何人かを政重のもとに送っている。政重は、送られてきたキリシタンから各地域のキリシタン情報を掌握し、そうすることによって、各藩内のキリシタン摘発に介入できるようになったといえよう。

なぜ政重は、一六四三年から個別藩領内のキリシタン摘発に介入していくことになったのだろうか。このことを示唆する記事が、高松藩の記録（『英公日暦《えいこうにちれき》』▲）にある。同年九月八日、高松藩主松平頼重は老中奉書によって登城を命じられた。そして諸大名に対して老中酒井忠勝は、今度筑前に潜入して捕らえられた伴天連全員が転んだことについて通達した。この場には井上筑後守政重が同席しており、政重は潜入伴天連が転んだ経緯について説明し、諸大名に領内のキリシタン詮議《せんぎ》を行なうように達したのである。

同年五月、筑前大島にイエズス会日本管区長ペドロ・マルケスの率いる宣教師団（ルビノ第二団）が潜入した。▲彼らはまもなく捕らえられて長崎に連行され、さらに江戸に送られた。そして政重の取調べによって全員が転んだのである。

▼英公日暦　初代高松藩主松平頼重の事蹟を記したもの。

▼ルビノ第一団・第二団の潜入　一六三三（寛永十）年十月、イエズス会日本管区代理管区長フェレイラが長崎で捕らえられ、穴吊るしの拷問によって転んだ。このフェレイラの罪を償うために、一六三九年ポルトガル人イエズス会士アントニオ・ルビノは日本渡航のための宣教師団を編成、一六四二年にマニラより薩摩の下甑《しもこしき》に着き、捕らえられて長崎に送られ、全員が殉教した（ルビノ第一団）。

　マルケスを団長とするルビノ第二団は全員が転んだのち、井上の屋敷内に建てられた切支丹屋敷に収容されて生きながらえることになった。一行中のジュセッペ・キアラ（日本名岡本三右衛門）は、遠藤周作の『沈黙』の主人公ロドリゴのモデルである。

高松藩の記事によって、政重が潜入宣教師団の転宗に成功したことが、その後個別藩領内のキリシタン取締りに介入していく契機になったであろうことが推察できる。

政重の介入をうけた諸藩は、どのように対応したのだろうか。ここでは、岡山藩の場合についてみていこう。先に述べた『備前国吉利支丹帳』に掲載されている「こま物屋吉右衛門」は、一六二一（元和七）年に池田忠雄のキリシタン改によって転び、一六三四年の光政のキリシタン改によって絵踏と日本誓詞・南蛮誓詞の提出を行なって転びを確認されている。この一〇年後の一六四四（正保元）年、吉右衛門は藩内で訴人《そにん》されて「預置《あずけおき》」▲処分となった。

さらに六年後の一六五〇（慶安三）年、今度は大坂の大江兵太夫に訴えられて井上政重のもとに送られた。吉右衛門は、すでに何度も岡山藩によって処分されていたのだが、一六五〇年に至ってその身柄を政重の処分に委《ゆだ》ねられたことになる。このように岡山藩は、当該時期に井上政重の摘発をうけてキリシタンに対する処分権を行使しえなくなり、キリシタン禁制政策についての「自分仕置権」を喪失していったといえよう。

▼**預置**　居住する地域で村や町の役人の監視をうける処分。

寛文期の露顕と宗門改役の成立

一六五七(明暦三)年九月二十五日、将軍徳川家綱は井上政重を召して「天主《てんしゅ》教考察《きょうこうさつ》」を命じた。この時点で大目付の中で役職上の専任化が行なわれ、宗門改役が成立した(清水紘一「宗門改役ノート」)。しかし政重は翌一六五八(万治元)年に老衰のために辞職し、二年後の一六六〇年に致仕《ちし》し、翌一六六一(寛文元)年に死去している。

政重が大目付の立場で成し遂げた、個別藩であってもキリシタン問題については幕府が介入してその処分権を掌握できるという原則は、政重の退隠後、機構として成立する。政重が宗門改役を辞職すると大目付北条安房守氏長がその後任となり、翌年には与力《よりき》・同心《どうしん》が付属され、旧政重邸が宗門改役所とされた。さらに一六六二年に作事《さくじ》奉行保田若狭守宗雪が「天主教考察」を命じられ、与力・同心が付属された。ここに大目付兼職一人・作事奉行兼職一人の計二人による宗門改役が成立した。そして以後、キリシタン禁制政策は新たな展開を遂げることになる。

宗門改役が成立した一六五七年、肥前大村藩で数百名のキリシタンが召し捕らえられる「郡崩《こおりくずれ》」▲がおこり、続いて宗門改役が井上政重から北条氏長に交替した頃、豊後で大規模な露顕《ろけん》が発生した。さらにこれら一連の露顕と併行して、一六六一年から美濃・尾張でも約一〇〇〇人が処分されることになる露顕が始まっている。これら露顕の最中の一六六三年五月に武家諸法度《ぶけしょはっと》が改正されたが、この時に初めて「耶蘇宗門の儀国々所々に於いて、弥《いよいよ》堅く禁止すべき事」(『御当家令条』巻一・一七号)と、キリシタン禁制条項が付加された。翌年になると幕府は、十一月二十五日付法令で近年キリシタンが露顕したことに触れ、その穿鑿・召捕りを一層励行するように命じ、その上で各藩に宗門改のために専任の役人を設置するように義務づけている。

なぜ幕府は、寛文期にキリシタン禁制を強化したのであろうか。この時期は、幕府がキリスト教禁止を表明してから五〇年ほど過ぎており、島原・天草一揆の終焉からも約三〇年のへだたりがある。キリシタンの現実的な脅威は、幕藩領主による弾圧と島原・天草一揆の敗北によって、当然のことながら減少・変質していったと考えられる。以下、なぜこの時期にキリシタン禁制が強化されたのかについて、検討していこう。

▼**郡崩**　一六五七(明暦三)年、大村藩領郡村を中心に潜伏キリシタン六〇八人が検挙された事件。長崎奉行の指揮のもとに検挙が行なわれ、斬罪四一一人、牢死七八人、永牢二〇人、赦免九九人となった。大村藩では以後厳重なキリシタン禁制政策が施行された。

豊後ではキリシタンの召捕りは、幕府領・臼杵領・竹田(岡)領・府内領・肥後領でほぼ同時併行して行なわれた。このように地理的・社会的条件も異なり、支配も異なる地域で、召捕りが同時に進行するということは、この露顕が自然発生的なものではなく、意図されたものであることが推察されよう。この点について、臼杵藩の場合をみてみよう。

一六六〇年頃に大規模な露顕が発生した豊後諸地域で召捕りがピークを迎えるのは、一六六八・六九年である。臼杵藩主稲葉信通は、一六六八年九月二十五日付の書状で江戸の宗門改役北条安房守・保田若狭守に、キリシタンの召捕りと処分の状況について報告した。同年臼杵藩は、長崎奉行松平甚三郎隆見から領内のキリシタン三〇人を捕らえて入牢させるように命じられ、このうちすでに病死していた三人を除き、二七人を入牢させている。

翌一六六九年正月、臼杵藩は入牢させているキリシタン六五人の名前・村名・続柄などを記した届書を幕府宗門改役に提出した。この届書は、『切支丹宗門之者御預帳』と表現されている。このように臼杵藩での召捕りは、長崎奉行の命令によって行なわれ、その処分は幕府宗門改役に報告され、藩内に入牢

	幕府領	臼杵領	竹田・府内	肥後領	合計
1660(万治3)	24	11	2	0	37
1661(寛文元)	12	7	5	0	24
1662(　2)	11	6	7	0	24
1663(　3)	24	17	2	0	43
1664(　4)	7	13	2	1	23
1665(　5)	18	6	3	2	29
1666(　6)	2	4	0	1	7
1667(　7)	14	2	0	0	16
1668(　8)	83	73	10	64	230
1669(　9)	3	19	2	3	27
1670(　10)	1	2	2	1	6
1671(　11)	7	1	1	0	9
1672(　12)	0	2	0	1	3
1673(延宝元)	12	1	0	18	31
1674(　2)	1	0	0	0	1
1675(　3)	1	0	0	0	1
1679(　7)	1	0	0	0	1
1681(天和元)	3	1	0	0	4
1682(　2)	1	0	0	0	1
合　計	225	165	36	91	517

●—**豊後でのキリシタン召捕り人数**　姉崎正治は、豊後玖珠郡、熊本藩領、臼杵藩の史料により、1660〜82年の豊後でのキリシタン召捕り人数を集計した。すべての召捕り人数を網羅しているわけではないが、おおよその傾向はつかめると思う。姉崎『切支丹宗門の迫害と潜伏』より。

させたキリシタンは幕府よりの「御預」と表現されている。つまり藩内のキリシタンについて、幕府・長崎奉行所がその情報を掌握し、さらに処分に直接に介入しているのである。

豊後とほぼ同じ頃、美濃・尾張でも大規模なキリシタンの露顕があった。一六六一年三月、尾張藩に隣接する美濃国可児《かに》郡塩《しお》・帷子《かたびら》村(現岐阜県可児市)に領地を持つ旗本林権左衛門は、使者を尾張藩に遣わして両村にキリシタンが露顕したことを報告し、その召捕りを依頼した。これをうけて尾張藩は、両村のキリシタン二四人を召し捕り、これを機に尾張領内各地でも召捕りが行なわれた。幕府は五月に目付森川小左衛門に美濃国のキリシタン査検《さけん》を命じた。森川はこの時に尾張藩領を通過しており、尾張藩は鳴海《なるみ》に止宿した森川のもとに使いを送って歓待している。森川はおそらくこの時に、尾張藩にキリシタン露顕への対応について何らかの指示を与えたのではないだろうか。

尾張藩は、同年五月にキリシタン奉行を設置し、目付海保弥兵衛がこれに任じられ、その後松平三太夫もまた任命された。これに先立って海保弥兵衛は、幕府の指図で江戸に下向し、幕府宗門改役北条安房守からキリシタンの「穿鑿

▼高札　法度《はっと》・掟・犯罪人の罪状などを記して、交通の多い場所や目立つ場所に掲げられた板札。

之伝授」をうけていた。

六月になると尾張藩は、幕府の指示によって領内三八カ所にキリシタン禁制の高札▲を建て、七月にはキリシタン改のために五人組を組織させ、八月に領内各寺院に新規に檀那《だんな》になる者の吟味その他を通達し、九月には代官・給人にキリシタン改を命じている。

一六六四年十二月、幕府の指示に従いキリシタン二〇七人を斬罪に処し、翌一六六五年にはキリシタン奉行に代わって寺社奉行が設置され、毎年両度の宗門改が実施されるようになった。そして一六六七年には幕府からキリシタンの処分について追及されて七五六人を斬罪にし、一六六九年にも三三人を斬罪にした。このようにキリシタンの処分は、約一〇〇〇人に及んだ。つまり尾張藩では、キリシタンの露顕に際して、幕府の直接的な指図のもとにキリシタンの召捕り・処分を行なったのである。

しかし尾張藩自身は、キリシタン召捕りにかぎっていえば、あまり積極的ではなかったようである。たとえば尾張国丹羽郡高木村では、一六六一年から六五年にかけて前後二一回にわたって八二人の召捕りが行なわれたが、その際の方針は、農耕に及ぼす被害をより少なくするために、一家の壮年の者をできるだけ一時に全部召し捕らないようにするものであった、と指摘されている。

以上みてきたように、寛文期には豊後と美濃・尾張の両地域でほとんど同時にキリシタンの露顕が起こった。そして両地域におけるキリシタンの召捕り・処分については、幕府が直接的に介入していた。すでに述べたように幕府は、一六六四年十一月二十五日付法令でキリシタンの露顕について触れ、穿鑿・召捕りを一層励行するように命じ、さらに各藩にキリシタン宗門改のために専任の役人の設置を義務づけている。すなわちキリシタンの露顕を契機にして、幕府は各藩のキリシタン禁制政策を、幕府宗門改役―各藩の宗門改役人を基軸として統轄するようになったといえよう。

この法令によって臼杵藩では、翌一六六五年に宗門奉行を設置して三名を任命し、その補佐役として宗門下役四名を配置した。尾張藩でも、一六六五年正月にキリシタン奉行に代わって寺社奉行を設置して二名を任命し、三十人組五人、足軽二〇人ずつを預け、常々領内を見回るように命じている。

▼公儀　私事ではない公的な立場。

▼巡見使　幕府から各地に派遣された政情・民情視察使。

キリシタン露顕の歴史的位置

一六六三(寛文三)年に「公儀」としての幕府の法である武家諸法度に、キリシタン禁制条項が初めて加えられた。そしてキリシタンの一連の露顕がほぼ終息に向かった一六六七年に、幕府は諸国巡見使を派遣している。この時に巡見使は、諸国のキリシタンの取締り状況をよく監察するように命じられた。諸大名は、キリシタン禁制政策をどのように推進しているのかが問われることになったのである。つまりこの時期には、キリシタン禁制政策遂行の究極的な権限が「公儀」に属すことが確認され、またそのことを一つの支柱として、幕府が「公儀」として諸藩に対して権力の集中を図っていったといえよう。

このようにキリシタン禁制政策の究極的な権限が幕府に掌握された事例として、一六六五年に岡山藩で起こった転びキリシタンの立帰り一件についてみておこう。同年二月二十五日、転びキリシタンとして岡山の牢舎に捕らえられていた当時六五歳の佐伯村与二右衛門が、キリシタンに立帰った。与二右衛門には女房と五人の子がいたが、この時点で女房・男子一人・娘二人はすでに牢死しており、生存していた男子二人は在所に預けられていた。与二右衛門立帰りの報告を受けた岡山藩では、早速、取調べを行なった。五月十九日、藩主池田光政は幕府宗門改役北条安房守・保田若狭守に取調べの結果を報告するとともに、与二右衛門と男子二人の処分についても指示を仰いだ。七月三日、与二右衛門は斬罪になった。男子二人については、老中からの指示で「御構無之《おかまいこれなく》」となった。

この一件は、決して幕府の宗門改役の摘発によるものではなく、岡山藩内の、しかも牢内で発生した事件であった。それにもかかわらず、キリシタンに関する事件については幕府の宗門改役に報告され、その指図によって処分され、さらには老中の承諾も得なければならなかったのである。

③——宗門改はどのように行なわれたのか

一六一二(慶長十七)年にキリスト教禁止を表明した幕府は、以後、度々キリシタン改《あらため》の励行を諸国に命令しているが、その具体的な方法については指示していない。では、諸地域でキリシタン改は実際にどのように実施されていったのだろうか。

一六一四年正月、京坂地方の転びキリシタンは、仏教に帰依《きえ》してその証文を提出するように命じられた▲。

同年正月に豊前および豊後国東《くにさき》・速見《はやみ》両郡の大名細川忠興《ただおき》は、国元の家老に手紙を送ってキリシタンの転宗を強制した。そして二月から八月にかけて、百姓から家中の武士に至るまでキリシタン改が実施され、農村では庄屋・肝煎《きもいり》の、下級武士については組頭の責任によって行なわれた。この時には家並人別調査がなされ、摘発されたキリシタンは仏教に転宗し、誓紙《せいし》ならびに俗請・寺請起《き》請《しょうもん》文を提出した。しかし、これは一般の領民には適用されず、全領民の宗旨

キリシタン改

▼**証文の提出**　京都所司代板倉勝重が転びキリシタンに寺請《てらうけ》を実施した旨が、徳川家康の側近金地院崇伝の日記にみえ、これが寺請の初例といわれる。

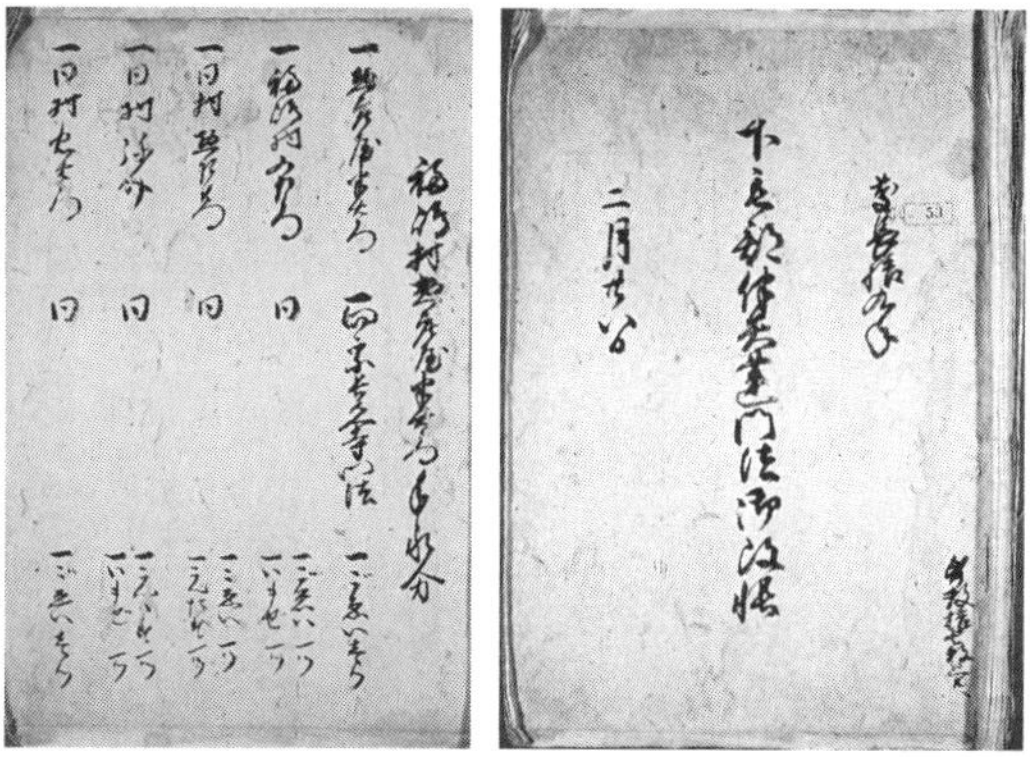
●—『伴天蓮門徒御改帳』

●—磨崖クルス(大分県臼杵市)

●—野津キリシタン記念資料館　平山喜英氏が私財を投じて建設した。現在は閉館。

を記載した宗門改帳も作成されていない。たとえば豊前下毛《しもげ》郡では『伴天連《バテレン》門徒御改帳』が作成されたが、これは転びキリシタンの一紙証文を村ごとにまとめ、郡単位で総括したもので、後の宗門改帳とは性格を異にしている。

また豊後臼杵《うすき》藩でも、同年に多くのキリシタンが転び、寺院の檀家《だんか》となっている。たとえば藩内の宮川内《みやごうち》村（現大分市）の助左衛門が転宗して浄土真宗妙正寺の檀家となっており、藩内有数のキリシタンの多い地域であった野津《のつ》では、前河内《まえがわち》村（現臼杵市）の惣兵衛が両親とともに転宗して、禅宗妙落寺（妙楽寺、後に板屋村〈現臼杵市〉に移り普現寺と号した）の檀家になっている。

以上のように、一六一四年頃から転びキリシタンに仏教信仰を強制し、所属した寺院との間に寺檀《じだん》関係を設定し、檀那寺にキリシタンでないことを証明させる寺請《てらうけ》・寺檀制度が一部の地域で始まっている。

寺請・寺檀制度の展開

そもそも寺檀関係とは、寺・僧を供養する施主と寺との関係であり、それは仏教成立以来あったことになる。しかし近世以前は、当然のことながら、このような関係は一般的ではなかった。では、寺請・寺檀制度はどのように展開していくのだろうか。

一六三五(寛永十二)年九月、幕府は諸藩に領内および家中のキリシタン改を命じた。しかしこの時にも、その具体的な方法については述べていない。九月七日付で、当時老中だった若狭小浜藩主酒井忠勝は国元に書状を送り、五人組の結成と寺手形の提出を命じ、九月末から十月十日の間にキリシタン改を実施するように求めている。忠勝はこの書状のなかで「きりしたんの宗旨にてこれなき証拠には、何も頼み候寺かたこれあるべく候間、寺の坊主に堅く手形を仕らせ申すべく候事」と、キリシタンでなければいずれかの檀那寺に所属しているはずであるとし、転びキリシタン以外の一般領民にまで寺請を強制▲している。そして従来、この老中酒井忠勝の書状によって、これ以後寺請が全国的に実施され、制度化されていったといわれてきた。

けれども当時、民衆の多くはキリシタンでなくても、特定の寺院に所属していたわけではないだろう。またこの段階で、幕府は度々キリシタン改の励行《れいこう》を命令しているが、寺院による宗門改を指示してはいない。一六五九(万治二)年

▼**寺請の強制**　この酒井忠勝の書状は、蘆田伊人「『切支丹改め』の開始年代を確定する一史料」によって紹介された。

▼五人組　近隣の五軒を単位に組合せて組織した治安・行政の連帯責任制度。

六月、在府の諸大名および在国の諸大名の家臣は幕府評定所《ひょうじょうしょ》に召し出された。そして老中松平信綱が出座し、宗門改役北条安房守・目付森川小左衛門が列座して「百姓町人は五人組旦那寺を弥《いよいよ》あい改め、不審なる宗旨これあるに於いては穿鑿を遂げらるべき事」と、五人組▲・檀那寺による宗門改を命じている。このように一六五九年に至って、幕府は初めて寺院による宗門改を指示するのである。

では実際に、寺請・寺檀制度はどのように展開していったのだろうか。まず最初に、戦国期にはキリシタン大名大友義鎮《よししげ》(宗麟《そうりん》)の治下にあり、キリシタンが数多く存在した豊後臼杵藩の場合についてみていこう。

すでに述べたように臼杵藩では、一六一四(慶長十九)年に多くのキリシタンが転んで寺院の檀家となっている。一六三五年になると藩庁より各キリシタンの家へ棄教請文が渡され、各家ではこれに家族全員が署名・血判して、これを檀那寺に持参して裏判を貰い受け、それを藩庁に提出している。この「寛永十二年之誓詞文」によって「きりしたん宗門御改之御帳」が作成される。つまり臼杵藩の寺請制度は、「寛永十二年之誓詞文」提出の際にキリシタンに適用されたのである。しかしこの時点で、キリシタン以外の領民には寺請は適用されていない。

臼杵藩で全領民に寺請が適用されたのは、幕府が檀那寺による宗門改を命じる以前の一六四六(正保三)年夏、五人組が組織された時であるといわれている。全領民に寺請が適用されるためには、領民の檀那寺たりうる寺院の十分な数の存在が必要となる。先に述べたように、臼杵藩では万治・寛文期(一六五八〜七三)に大規模なキリシタンの露顕が起こり、数百名が召し捕らえられている。この露顕の最中の一六六四(寛文四)年十二月十七日、臼杵で留守居役をしていた藩主稲葉信通《のぶみち》の嫡子景通《かげみち》は、家臣を長崎奉行黒川正直のもとに送り、キリシタン禁制政策施行についての指示を願った。黒川の景通への返答のなかで、次のように述べられている箇所がある。

御領内在々所々寺これなき所には、三村に一ケ所か、或いは四村・五村に一処あて、小庵になるとも坊主を御置き、何村の誰は何の寺の何宗旨、彼は何宗旨などと改させなさるべく候

つまりこの時点では、領民の檀那寺たりうる寺院が不足していたことがうか

▼寺社考　一七四一(寛保元)年に太田重澄によって著わされた。佐々木安麿復刻発刊(一九八一年)。臼杵市立臼杵図書館所蔵。

がえる。臼杵藩内の寺院・神社について記した『寺社考▲』という書物があるが、これによれば寛文・延宝年間(一六六一〜八一)に一二カ寺が開創・再興されている。したがって臼杵藩で寺請制度が確立するのは、寛文期以降であると考えられる。

また尾張藩では、一六六一年三月からキリシタンの露顕が始まった。尾張藩は同年五月にキリシタン奉行を設置し、ついで八月十五日に領内各寺院へ次のように命令している。すなわち、新規に檀那になる者の吟味を命じ、また領民が檀家になる際に賄賂《わいろ》をとることを禁止するのである。これはこの段階まで寺請制度が一般的でなかったことを示し、さらに従来特定の寺院の檀那でなかった者が、キリシタン改のために強制的にいずれかの寺の檀家にならざるをえなかったことを推測させる。このように尾張藩でも、寺請制度が確立するのは寛文期以降であるといえよう。

寺檀関係の形成

寺檀関係は、実際にどのように結ばれていったのだろうか。最初に、キリシタンが多く存在した臼杵藩領内の野津地域についてみよう。
一六三五（寛永十二）年、臼杵藩主稲葉一通《かずみち》の命をうけて真宗僧玄順が野津黍《きび》野《の》村（現大分県臼杵市）に来て、念仏によってキリシタンを教化した。そして玄順は、一六三九年にこの地に寺院を建立し、東本願寺宣如《せんにょ》より了仁《りょうにん》寺の寺号を賜った。伝承によれば、了仁寺はキリシタンの死骸を甕《かめ》に入れて埋めた上に建てられたといわれる。▲現在、この了仁寺の檀那となった転びキリシタンは五五人が判明している。一六六七（寛文七）年には藩主稲葉信通から材木等を賜り、本堂・庫裏《くり》等を建立した。さらに一六七〇年、二代浄雪の時に了仁寺建立の経緯を記した梵鐘が鋳造された。この鐘銘を、臼杵多福《たふく》寺の賢巌《けんごん》▲が記している。この梵鐘は、今次大戦中の一九四四（昭和十九）年に供出させられて、現存しない。この了仁寺の場合は、野津地域のキリシタンを教化し、転びキリシタンと寺檀関係を結んだといえよう。

ではキリシタンがほとんど存在しなかった地域では、寺檀関係はどのようにとり結ばれたのだろうか。

江戸より東方六、七里離れた地点に船橋《ふなばし》宿（現千葉県船橋市）があるが、その

▼**了仁寺の伝承**　旧『野津町誌』は、「神洞漫筆」（所在・内容等不明）という随筆にこのことが記されているとしている。

▼**賢巌**　一六一八〜九六年。臨済宗妙心寺派禅僧。長崎で破邪説法を行なった雪窓宗崔の弟子。雪窓の跡を継いで豊後臼杵多福寺第三世住持となった。

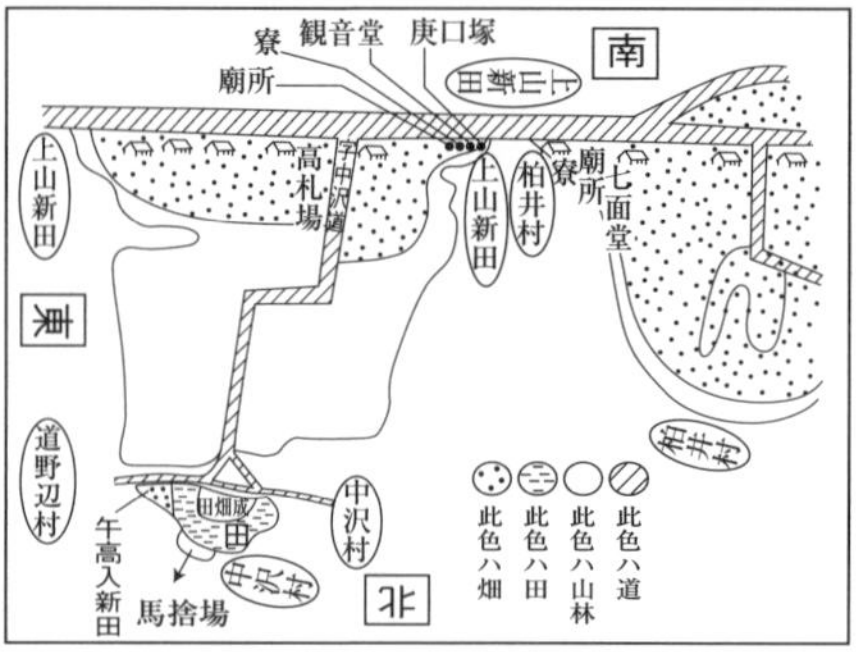

●藤原新田　文政十一(一八二八)年藤原新田絵図(安川厚家所蔵文書)より木原律子氏作成。

▼『宗門人別帳』の写本　奥書に「此書ハ後貝塚本行寺所蔵　光雲山十五世釈寛龍借写」とある。

北方一里余りの地には下総の原野が広がっていた。幕府は、延宝年間(一六七三〜八一)にこの原野の開墾に着手し、多くの新田を成立させた。その中の一つである葛飾《かつしか》郡藤原《ふじわら》新田(現船橋市)は、一六七五年に伊奈左門の検地によって新田村として成立した。

一般に新田村落が成立すると寺院が建立されるが、藤原新田では行徳《ぎょうとく》(現千葉県市川市)をはじめとして近隣の村々の出身者が多く、出身地の寺院を菩提所(寺請寺院)としたために、僧侶が常住する寺院はなかった。村の人々の信仰を集めたのは、鎮守の神明《しんめい》社と観音堂・七面《しちめん》堂であった。神明社は本行徳《ほんぎょうとく》の鎮守神明社を分祀したものであり、観音堂と七面堂には堂守が住んでおり、寺僧の代行をしていた。

藤原新田の宗門改帳は現存していないが、一九五三(昭和二十八)年に写された一八〇二(享和二)年三月の『宗門人別帳』の写本▲が残されている。これによると家数五二軒(内寮二軒)・人数二一九人(内堂守二人)のうち、日蓮宗が四二軒(内寮一軒)・一七六人(七面堂守一人)と圧倒的に多い。寺院はほとんど中山法華《ほけ》経《きょう》寺(現市川市)の塔頭《たっちゅう》ないしは末寺である。これは比較的遠方から藤原新田に入った人々が、一括して中山法華経寺を檀那寺にしたからといわれている。その他、三軒・一三人(内観音堂守一軒・一人)が浄土宗本行徳村徳願《とくがん》寺を、一軒・五人が浄土真宗本行徳村法善《ほうぜん》寺を檀那寺としている。これは藤原新田の開発者が、本行徳出身者であったためである。また六軒・二五人が真言宗寺院を檀那寺としているが、これらの寺院は近隣の村々に存在する。キリシタンが存在しなかった藤原新田において、檀那寺の果たすべき役割は村内の観音堂や七面堂の堂守が代行し、寺檀関係は稀薄であった。

宗門改帳の作成

寺請制度の展開と前後して、領民の宗旨を登録した帳簿が作成されるようになった。これを宗門改帳、または宗旨人別帳《しゅうしにんべつちょう》などという。

現存する最古の宗門改帳は、一六三四(寛永十一)年の肥前長崎「平戸町・横瀬浦町人数改帳」(九州大学所蔵)といわれる。同帳では人別に宗旨と檀那寺を記入し、男女別に人数合計を出している。以後、各地で宗門改帳が作成されていくが、寛永期の宗門改帳は寺院の証明がなく、町年寄や庄屋の書上《かきあげ》による俗請《ぞくうけ》の形式をとった事例が多く、また藩政の基礎データとして作成された人別帳・家屋帳・人畜改帳を代替する例も多い。

宗門改帳の記載様式は、時期により、地域により多様である。一六四二年暮の調べによる『長崎平戸町人別帳』は、池本小四郎という一四歳の孤児の身元について、次のように詳細に記している。すなわち小四郎は、母とともに長崎で生まれ、禅宗洪泰《こうたい》寺の檀徒である。小四郎の父は、豊臣秀吉の朝鮮侵略の時に幼少の身で長崎に連行された朝鮮人であった。父は長崎でキリシタンに入信するが、すぐにポルトガルの植民地マカオへ奴隷として売りとばされ、一五九七（慶長二）年に再び長崎に戻った。おそらくこの後、長崎でキリシタンの女性と結婚したが、キリシタン禁教の嵐のなかで、竹中采女重次が長崎奉行として禁教政策を推進していた時（一六二九〜三三）に、長崎平戸町で妻とともに転んで禅宗洪泰寺の檀徒となった。しかし、ひそかに南蛮人の子を養育していたことが発覚して、マカオに追放されてしまったというのである。なお小四郎の母は、一〇年以上前にすでに死亡していた。▲

一六六一（寛文元）年から大規模なキリシタンの露顕が始まった、尾張藩領内

▼**池本小四郎の事例**　この事例は、藤木久志『織田・豊臣政権』で紹介された。

知多《ちた》半島の師崎《もろざき》村(現愛知県南知多町)の宗門改帳についてみよう。一六六一年十一月に作成された「師崎村宗門改帳」は、家族構成員すべてを調査対象としている。つまり戸主および父母、女房、子弟から奉公人(下人・下女)までを調査対象として、戸主を請人として、家族や同居人との関係を説明するという証文形式がとられ、それらが集積された形で一村分の帳面が構成されている。もちろん、宗門改帳であるから何宗の寺院の檀家であるかということが記され、さらに家内奉公人についても、同居の年数や家を離れて奉公に出た年数・行き先、生家の村名・親名など、個々人の出自・移動について、宗門改帳作成時期までの前歴がかなり詳細に記載されている。

キリシタンの町長崎や尾張藩の宗門改帳は、非常に詳細な記載がなされたが、キリシタンがほとんど存在しない地域では、その記載は省略化されていた。幕府は一六七一年に、直轄領に宗門改帳の記載の基準を示した。それによると、百姓一軒ずつ、村単位で宗旨を改め、男女の人数を合計するように命じている。これは直轄領を対象としたものであったが、全国的に大名領にも及ぼされていった。

　ではキリシタンが存在しなかった幕府直轄領の事例として、先に取り上げた下総国葛飾郡藤原新田の宗門改帳についてみていこう。同帳では、一軒ごとに宗旨、檀那寺、持高、家族の続柄・名前・年齢、持馬の有無・頭数を記し、男女別に人数を合計し、寺ごとに集計して檀那であることを請け負っている。同帳はキリシタンが存在しなかった地域のものであり、また十九世紀初頭に作成されたために、記載内容が省略されている。

寺檀制度・宗門改帳の役割

　寛文期(一六六一〜七三)に寺檀制度・宗門改帳の作成が完成した。ではキリシタンの現実的な脅威が減少・変質してきたこの時期に、キリシタン禁制を目的、あるいは名目として始まった寺檀制度や宗門改帳は、どのような役割を担ったのだろうか。

　この点については、従来、次のようにいわれている。寛文期には小農経営が展開し、近世的な「家」が成立した。寺檀制度はこの「家」を掌握する役割を持ち、宗門改帳は幕藩領主がその支配の基礎に据えるべき「小農」を把握した帳簿である。たしかにそのとおりであろうが、寺院がなぜ戸籍業務を任されたのかという疑問は残る。宗門改帳は支配の単位である村や町ごとに作成されるが、寺檀関係は必ずしも村や町単位ではないのである。おそらく寺檀制度や宗門改帳の作成は、「小農」の土地緊縛《きんばく》に加えて、寺院に民衆の宗教意識の統制など何らかの役割を果たすことを求めていたのではないだろうか。

一六八七(貞享四)年、キリシタンの子孫である類族《るいぞく》を監視する「類族改め法▲」が制定された。そのなかで「何宗になり候て常々寺へ参詣仕り候や、其の寺へ付届常体に仕り候や、珠数等をも持ち、父母忌日に寺へも参り、また持仏などをもかまえ、香花をも備え候や」という個所がある。これは転びキリシタンや類族を監視する基準であるとともに、幕府の期待する民衆の宗教生活像である。しかし、幕府は民衆に、先祖法要に熱心で、檀那役を相応に務め、寺詣《てらもう》でをよくすることを求めながらも、寺が民衆に教化すべき宗教意識の内容については言及していないのである。

では、民衆が寺檀制度によって寺院に掌握され、寺院が民衆を教化する役割を担うことを幕藩領主から期待されながらも、教化すべき宗教意識の内容が明

▼**類族改め法**　キリシタン本人、転びキリシタン、それらの親族を類族として特別の監視下に置いた。一六八七年に制度化され、転宗以前に生まれた子を本人同然として、男系五代・女系三代にわたり、移動と生死を報告・登録させた。その死亡に際しては検死が行なわれた。一六九五(元禄八)年には移住が原則的に禁止された。

確でないとしたら、今後の課題として次のような点があげられるだろう。

まず、寺檀関係が実際にどのような基準で結ばれていったのか、ということである。寺檀関係は、村を越え、支配関係を越えて結ばれるという「散《ち》り懸《かか》り」的な関係もある。各地域の事例を、綿密に検討していく必要があろう。そして、支配の末端機構に位置づけられた寺院が、各地域において実際にどのような役割を果たしたのか、ということである。また寺院は、寺檀関係の枠外にある多様な宗教者たち、たとえば山伏や陰陽師らとはどのような関係にあったのか、そして寺請寺院（檀那寺）とその他の宗教者たちが、総体として民衆の宗教意識とどのようにかかわっていたのか、そのような点も考えていきたいと思う。

④—地域における宗教生活

キリスト教が禁止された時代

江戸時代は、キリスト教が禁止された時代であった。では当時の人々は、キリスト教が禁止されている、つまりキリシタン禁制の枠組みのなかで、どのような宗教生活を営んだのであろうか。一六九〇(元禄三)年に長崎出島にオランダ商館付きの医師として渡来したエンゲルベルト・ケンペル▲は、その著作のなかで次のように述べている。

宗教心のある国民ならば、外来の異なる宗教に接した場合、それによって何らかの不利益を受けるとか、とくに公の安寧《あんねい》を脅《おびや》かされるというような惧《おそ》れがあるのでなければそう無下《むげ》にその外来宗教を咎《とが》めたり、その宣教師を放逐《ほうちく》したりはしないものである。日本人は無宗教の国民ではない。この国には、自国固有の宗教もあり、普通いかなる信仰を持つかは厳重に決められるものだが、日本の場合は、各人の思いのままに信仰する神を崇《あが》める自由が与えられているのである。道義の実践、敬神の務め、清浄な生活、

▼エンゲルベルト・ケンペル　一六五一〜一七一六年。ドイツの医学者。一六九〇年、オランダ東インド会社の医師として長崎に渡来。一六九一・九二年の両度にわたり商館長の江戸参府に随行。日本での体験や歴史・政治・社会・地理などの調査成果を『日本誌』に著わす。

心の修養、罪業《ざいごう》の懺悔《ざんげ》、永遠の幸福祈願等については、日本人はキリスト教徒以上に熱心である。

つまり江戸時代の人々は、キリシタン禁制の枠組みのなかで、「自由」で「多様」な宗教生活を営んでいたと、ケンペルは述べているのである。

以下、キリシタン禁制の枠組みが定着した十九世紀の状況を見ていきたい。

地域における宗教行事——下総国葛飾郡高根村の場合

実際に各地域で、どのような宗教生活が行なわれていたのだろうか。最初に、下総国葛飾郡高根《たかね》村（現千葉県船橋市）を事例として取りあげてみよう。

高根村は海老《えび》川上流北西の台地に位置し、西・南・北の三方が海老川水系の谷となって水田が開けており、台地上には畑がひろがっていた。村高は幕末には三四一石余り、戸数・人口は一八六七（慶応三）年に七七戸・五六三人であった。江戸時代初期から旗本小栗《おぐり》氏の知行地であったが、小栗氏は高根村の他に下総国千葉郡天戸《あまど》村・柏井《かしわい》村（現千葉市花見川区）、常陸国河内郡下大塚村（現茨城県龍ケ崎市）を領し、合わせて五八〇石余りを知行した。この中で高根村の禄高は二九五石余りなので、小栗氏の全知行の約半分を占め、小栗氏にとって最も重要な知行地であった。高根村では十八世紀前半に村の付近を新田開発し、一七三〇(享保十五)年開墾の持添《もちぞえ》新田(原新田)四五町九反五畝三歩、四六石余りは幕領となった。しかし幕領には民家はなく、名主役は組頭六人が月番で勤めていた。高根村の私領分はすべて小栗氏領であったため、高根村と領主小栗氏との関係は深かったのである。

一八五七(安政四)年、小栗氏は財政的に逼迫《ひっぱく》して家政改革を実施することになった。小栗氏の勝手向《かってむき》は、この頃までは比較的順調であったらしいが、異国船渡来への警備、一八五五年の江戸大地震の被害や同年夏の大風雨による知行地の損害などで行き詰まってしまった。そのために小栗氏は、支配下の村々に改革を命じることになった。

小栗氏から改革を命じられた高根村では、百姓七六人(軒)がこの「改革」の箇条を守る旨を連印《れんいん》して名主藤右衛門に提出し、これに村内の寺院の観行院《かんぎょういん》と高《こう》根《げん》寺が奥印した。この「一村議定《ぎじょう》連判帳」は、当時の高根村の生活や地頭所の支配の諸側面を窺《うかが》うことができる興味深い史料である。以下この議定を中心に検

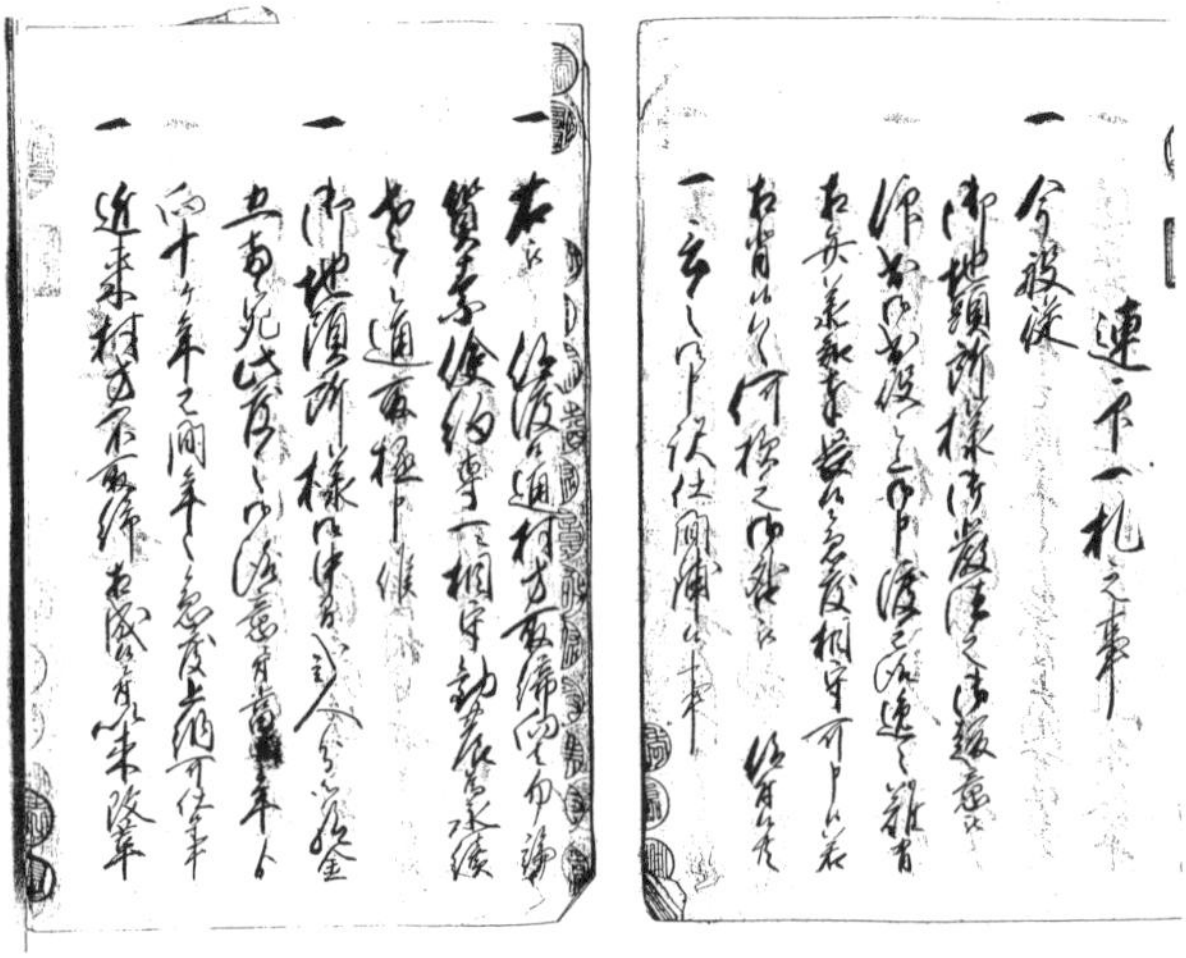

●一村議定連判帳(中山義男家文書)

●天道念仏踊

『江戸名所図会』より

討することによって、幕末期の高根村における宗教生活の諸動向と、これら寺院との関わりなどについてみていきたい。

高根村には、蓮華山観行院（新義真言宗豊山派）と昌闇《しょうぎん》山高根寺（曹洞宗）の二つの寺院、神明社（高根村の鎮守）と秋葉神社（権現）がある。このうち秋葉神社は小栗氏によって創建されたが、その他三つの寺社はそれ以前の創建である。村の人々はどちらかの寺院の檀家であり、一八六二（文久二）年の人別帳によれば、村人五六七人（男二八五人・女二八二人）の中で、観行院の檀那は男二〇五人・女一九八人、高根寺の檀那は男八〇人・女八四人であった。このように高根村の人々は村内寺院の檀那であり、寺檀関係が濃密であったと思われる。そして小栗氏は、これらの寺社を援助していた。

議定では、年中行事について詳細に言及している。年中行事は村の人々の信仰生活と深く関わっており、宗教行事の形をとって行なわれた。それでは、高根村の年中行事についてみていこう。

まず正月には、奉射《おびしゃ》が二十日・二十五日・二十八日に行なわれた。奉射とは徒歩弓《かちゆみ》の行事で、神社の境内や当屋《とうや》（祭り当番）の庭などに的を設けて弓を射る

▼**若者組**　村落内部の青年集団。村内の警備・消防・道路工事など共同作業の役割を受け持ち、祭礼にも関わった。

▼**徒党**　ある目的のために仲間を組むこと。江戸幕府はこれを厳禁した。

ことによって、その年の豊凶を占うものである。しかし高根村の奉射が、実際にどのように行なわれたのかについては不明である。この奉射については、二月の初午《はつうま》とともに、費用や振舞いの節約を命じている。

正月十七日には、若者共(若者組▲)の日待《ひまち》が行なわれた。日待とは、特定の日の夜に近隣の人々が集まって神仏を拝み、こもり明かす行事である。議定では期間を一日に限り、費用は一人分一〇〇文・米五合ずつとしている。この費用は、他の行事がほとんど一二文ずつであるのに比べて突出している。若者組は、関東の農村では一八二七(文政十)年の文政の改革で徒党《ととう》▲とみなされて、解散を命じられている。しかし議定で若者組の日待について言及しているので、この時期に高根村に若者組が存在していたことがわかる。

正月二十一日に観行院で百万遍《ひゃくまんべん》(念仏)が行なわれ、この費用は一軒につき一二文ずつとされた。百万遍とは阿弥陀仏の名号《みょうごう》を一〇〇万回唱えることで、民間習俗として鎮魂・追善・虫送りや雨乞いなどの祈禱のために行なわれた。

以上が議定に記されている正月の行事であるが、次に二月・三月の行事についてみていこう。正月から三月にかけての時期は農閑期にあたるので、行事が

●高根村の年中行事

(日付)	(行事名／備考)
正月十七日	若者共日待
二十日 二十五日 二十八日	奉射
二十一日	百万遍念仏／観行院
二月十五日	涅槃会／高根寺
中旬	天道念仏／(観行院)
二十日	子安講
三月二十一日	御影供／観行院
正月・五月 九月	大杉大明神祭
毎月朔日 十五日 二十四日	月々参籠通夜
毎月	月次念仏
その他	伊勢太々講・大杉講・石尊講・御嶽講・大師参詣・富士講・盆 庚申講・三峰講・三山講 (「一村議定連判帳」になし)

集中的に行なわれている。

二月には、二月最初の午の日を祭る初午の行事が行なわれた。これは、農作物を守る神である稲荷社の祭礼である。そして二月十五日、高根寺で涅槃会《ねはんえ》が行なわれ、費用は百万遍と同じように一軒一二文ずつとされた。涅槃会とは、釈迦入滅の二月十五日に寺々で釈迦の遺徳奉讃追慕のために修する法会《ほうえ》である。

二月中旬、天道念仏《てんとうねんぶつ》が行なわれた。天道念仏とは、天道(太陽)あるいは五穀を成就させる力に対して捧げられる念仏踊りで、天道棚のまわりを廻る。天道棚は、祭壇を築いてボンテン(梵天)と呼ばれる竹を祭壇の四隅に立て、その周囲に四つの門を開けた形で四八本の御幣《ごへい》を立てまわし、注連《しめ》を張り巡らせて中央に大日如来の像を置き、そこに酒や餅を供えたものである。

天道念仏は、船橋地域では広くみられ、現在でも行なわれている地域がある。高根村では、一九八一(昭和五十六)年一月に廃止が決まるまで細々ながら続いていた。一九九〇(平成二)年の調査報告によると、かつては三月十二日から十四日(新暦)にかけて観行院で行なわれた。当番が各戸から銭を集め、紅白の餅をついて祭壇に飾った。祭壇には色紙で作った飾りがつけられ、念仏踊りが行なわれた。議定では、御饌代《おそなえだい》および灯明料《とうみょうりょう》あわせて四八文までと、天道念仏にかかる経費の削減を命じている。

二月二十日には子安講《こやすこう》が行なわれたが、これは子授け・安産・子育てなどの神を祀る既婚女性の集まりである。この子安講についても、費用を七文ずつとして赤飯や茶菓子などの振舞いを禁止するなど規制を加えている。

三月二十一日に観行院で御影供《みえいぐ》が行なわれたが、これも費用を一軒に一二文ずつとしている。御影供とは、神仏の肖像に供え物をして祀る行事である。

以上、正月から三月にかけての宗教行事についてみてきたが、この他、村内で行なわれるものに月次《つきなみ》念仏、月々参籠《さんろう》通夜《つや》、新盆棚祭幷念仏があった。これらについても費用や日数、振舞いなどについて制限している。

参詣と講

高根村では村内で行なわれる宗教行事の外に、他地域への参詣も盛んになされた。これについて議定には、「神社仏閣参詣の義は、鎮守・菩提所、または其の土地安置の諸神仏にて祈禱・誓願とも加護・利益《りやく》顕然の義につき、以来、他所仏社参詣、ならびに講中とも追々あい止め申すべく候、尤《もっと》もよんどころなき心願の者は村役人へあい届け罷り出ずべき事」とあり、講をつくり他地域へ参詣することを規制している。では高根村でどのような講がつくられ、どこへ参詣に出かけていたのかについてみていこう。

正月・五月・九月には大杉《おおすぎ》大明神祭が行なわれた。これは、アンバサマ信仰の祭である。アンバサマ(阿波様)は、千葉・茨城・福島・宮城・岩手などの太平洋沿岸の漁村などで信仰された神で、不漁続きの時に祀られる。高根村では、海に面していないから、悪疫除けの信仰であった。若者の講で正月初午の日に二名の代参者を決めて、常陸国稲敷《いなしき》郡桜川《さくらがわ》阿波《あば》の大杉神社(現茨城県稲敷市)へ参拝、お札をもらってきて高根村の全戸に配布した。一月・五月・十月の二十七日(新暦)には神輿《しんよ》御渡《おわたり》を行なった。議定では、大杉大明神祭の日数・費用を制限し、また代参者の人数も二人にするようにとしている。

また、伊勢神宮に参詣して御師《おし》の家の神殿で太々神楽《だいだいかぐら》を奉納するために、伊勢太々講が営まれていた。高根村には一八〇八(文化五)年六月の「伊勢大神宮《いせだいじんぐう》正遷宮寄附帳《せいせんぐうきふちょう》」が残されているが、これによると七一軒が寄付しており、これはほぼ一村全部にあたる。その他、石尊《せきそん》講▲・富士講▲・御嶽《みたけ》講▲も営まれていた。議定ではこれらの講にかかる費用の倹約を命じており、これによって、伊勢神宮・相模国大山の石尊大権現阿夫利《あふり》神社・富士山・武蔵国多摩郡御嶽神社への参詣のために、講が編成されていたことがわかる。

　さらに議定では、当該地域における大師参詣を禁止している。大師参詣とは、弘法大師を祀る霊場(札所)を巡礼して廻ることである。四国八十八カ所に霊場がありこの巡礼を目的に大師講がつくられたが、真言宗が全国にひろまるにつれて各地に新四国八十八カ所が設けられた。この八十八カ所の寺は、必ずしも真言宗寺院とはかぎらなかった。そして、地域によって独自の講をつくって巡礼を行なうようになった。高根村は、現在の千葉県の船橋・習志野・八千代・鎌ケ谷市および白井町にまたがって組織された吉橋組に属していた。高根村の観行院は第一五番の札所《ふだしょ》▲で、高根寺は第七九番の札所である。毎年四月と九月の二回、「お大師参り」(大師参詣)が行なわれ、当番で村が泊り番を引きうけ、各札所の寺では参拝者を接待した。

　高根村の宗教行事には、庚申《こうしん》講・三峰《みつみね》講・三山《さんざん》講などもあった。

▼**石尊講**　相模国大山の石尊大権現阿夫利神社に、旅費を出し合い参拝するために結成された講(組織)。

▼**富士講**　富士山を信仰・参拝するための講。

▼**御嶽講**　武蔵国多摩郡御嶽神社に参詣するための講。

▼**札所**　仏教の霊場。巡礼者が参詣のしるしとして札を受けたり納めたりするところ。

●—高根村神明社の庚申塔

庚申信仰とは、六〇日に一度めぐってくる庚申の日に、その夜を眠らずに過ごして健康長寿を願うものである。人の身中に宿る三尸《さんし》という虫が、庚申の日に昇天して天帝に人の罪科を告げて生命を縮めようとするために、庚申の夜を眠らないことによって三尸が天帝に罪を訴えることができないようにするのである。そしてこの庚申信仰により組織された講中によって、庚申塔が造立された。高根村の鎮守神明社の境内には石祠や石塔が多いが、一七五七(宝暦七)年十月および一八四四(天保十五)年三月造立の庚申塔二基も残されている。

三峰山は秩父の雲取《くもとり》山・白岩《しらいわ》山・妙法《みょうほう》が岳の総称で、天台宗修験の中心となった道場があった。火難・盗難などの厄除けの神として崇敬を集め、神使として狼が有名であり、各地に三峰講が生まれた。高根村でも三峰講が組織され、三峰神社に参詣したり、毎月十九日に神明社の小祠に参拝したりした。

出羽三山(羽黒《はぐろ》山・月《がっ》山・湯殿《ゆどの》山)は古くから信仰の道場であったが、高根村では三山講をつくって参拝し、これは「奥州まいり」と呼ばれた。そして、出羽三山登拝を記念して出羽三山供養塔が造立されたが、高根村には現在、五基の出羽三山塔が残されており、その中の二基は江戸期のものである。村内の藤代家に残る一七九七(寛政九)年十一月造立の石祠と、神明社にある一八三五年十月造立の角柱型の塔がそれである。

高根村では実にさまざまな宗教活動や、宗教行事の形をとる年中行事が行なわれてきた。幕末期高根村の人々は、これらの行事を通じて村内で多様な結合を形成し、さらには大師参詣にみられるように、近隣の村々と結びついていった。そして遠隔の各地に出かけており、これにより視野を拡大していったのではないだろうか。またここで注目すべきことは、村内の寺社がこれらの行事に多様な形で関わっていたことである。

すでに述べたように高根村には観行院、高根寺という二つの寺院があり、村の人々はいずれかの寺院の檀家であった。ではこの両寺が、村においてどのような役割・機能を果たしたのかについて確認しておこう。

観行院は「上寺《かみのてら》」と呼ばれ、高根村の戸数が七〇戸余りの時に約五〇戸が属し、名主や高持《たかもち》の百姓の多くが檀家であったといわれる。そして正月の百万遍念仏、二月の天道念仏、三月の御影供が同寺で開催され、また大師参詣の札所でもあった。

高根寺は「下寺《しものてら》」と呼ばれた。ここで二月に涅槃会が催され、また大師参詣の札所でもあった。そして次に述べるように、領主と村との間を取り持つ調停機能も担っているのである。先述したように享保期(一七一六〜三六)に開墾された高根村の持添新田は幕領であったが、民家がなかったために名主役は組頭六人が月番で勤め、検地帳など書類一式を預かった。一八〇五(文化二)年十二月に当番名主四郎兵衛宅で小火《ぼや》がおき、書類の一部が焼失した。高根村では、この件について支配代官中村八太夫役所および地頭小栗猪三郎に報告しているが、この時に四郎兵衛は高根寺に「入寺」を命じられ、まもなく許されている。このことから高根寺が、領主と村との間を執《と》り成《な》しているといえよう。

このように高根村では、寺院は決して支配の末端機構としてのみ存在したのではなく、村人たちの宗教生活と密接に結びつき、さらに領主と村との間にあって調停機能も果たした。そして村の人々が作成した議定に、奥印しているのである。

熊野十二社と角筈村の人々

武蔵国豊島郡角筈村《つのはず》（現東京都新宿区）は、江戸日本橋から二里半の位置にあり、東は甲州街道の宿駅内藤《ないとう》新宿に隣接し、西は幡ヶ谷《はたがや》村、南は千駄ヶ谷《せんだがや》村・代々木《よよぎ》村、北は成子《なるご》町・淀橋《よどばし》町であった。現在この地域は東京新都心にあたり、東京で最も繁華な地域の一つだが、江戸時代には江戸市中に含まれていなかった。しかし江戸市中に近接するために、江戸近郊村としての特色を色濃く持っていたのである。

角筈村の石高は十九世紀初め頃から七二〇石余りで、名主は近世初頭以来渡辺氏であった。幕領であったが、村内には湯島麟祥院《りんしょういん》領、御箪笥組《おたんすぐみ》同心給地《きゅうち》、牛込宗参寺《そうさん》領があり、また多くの抱屋敷《かかえやしき》▲が存在した。一八二五（文政八）年の『村差出明細帳《むらさしだしめいさいちょう》』▲によれば、御拳場《おこぶしば》として鷹場《たかば》▲支配を受け、甲州街道内藤新宿の助郷役▲を勤め、幕府が千駄ヶ谷に設置した塩硝蔵《えんしょうぐら》へも人足を差し出していた。そして商人は一〇五人、職人は一六人が記されており、これは一八〇三（享和三）年の『宗門人別改書上《かきあげ》帳』では家数が一〇三軒（人口六三三人）であるから、角筈村の百姓の大部分が余業《よぎょう》に携わっていたといえよう。

▼**抱屋敷**　武士・寺社・町人が居住地以外に所持していた土地（抱地）内に建設された家屋。

▼**村差出明細帳**　領主の命令により作成された、一村ごとの概況を記した村勢要覧のようなもの。

▼**鷹場・御拳場**　将軍および特に許された大名が鷹狩りをする場所。江戸五里四方に幕府領・私領の区別なく設定された。鷹狩りを行なう場所が御拳場で、外側には鷹匠が鷹の訓練をする御捉飼場《おとらえかいば》があり、両者をあわせて鷹場という。鷹場内の村々には鳥見役《とりみやく》が廻村し、百姓の負担となった。

▼**助郷役**　街道の宿駅で常備の人馬で負担しきれない通行の時、補助的に人馬を負担する村にかかった夫役。

角筈村の鎮守は熊野十二社《じゅうにそう》権現であり、紀州熊野神社を勧請したものである。紀州熊野の本宮・新宮・那智の三カ所には三所権現があり、そのほか四所の明神、五所の王子があり、合計一二の神々があるので十二所権現といったが、角筈村の熊野神社は一社の中に一二の社を一緒に祀るいわゆる相殿《あいどの》▲にして勧請しているので、社を「そう」と読ませ、相・双・層・叢などの多くの文字をあてた。その境内は広く、池や滝があり、浮世絵などにも描かれた江戸西郊の名勝地であった。

十二社は、室町中期に中野に来住した中野長者鈴木九郎によって造営されたという伝説がある。しかし実際に建立したのは、渡辺氏であったらしい。一七三四(享保十九)年、当時の角筈村名主渡辺伝左衛門は氏子全員と相談して、十二社の社地・社殿ともに渡辺氏の檀那寺である隣村中野村の成願《じょうがん》寺に譲り渡した。その後、十二社の脇にあり村の用水として使われた「上の池」と「下の池」の二つの溜池の管理も成願寺に譲渡されたが、溜池は村の用水として使用され続けた。

この十二社で、近世後期に何度か開帳▲が行なわれた。ここでは、一八四〇

▼**相殿**　「あいでん」ともいう。同じ社殿に二柱以上の神を合わせまつること。またはその社殿。

▼**開帳**　寺社が秘蔵する神仏を、結縁のために人々に礼拝させる宗教的行事。

●──十二社菖蒲の図

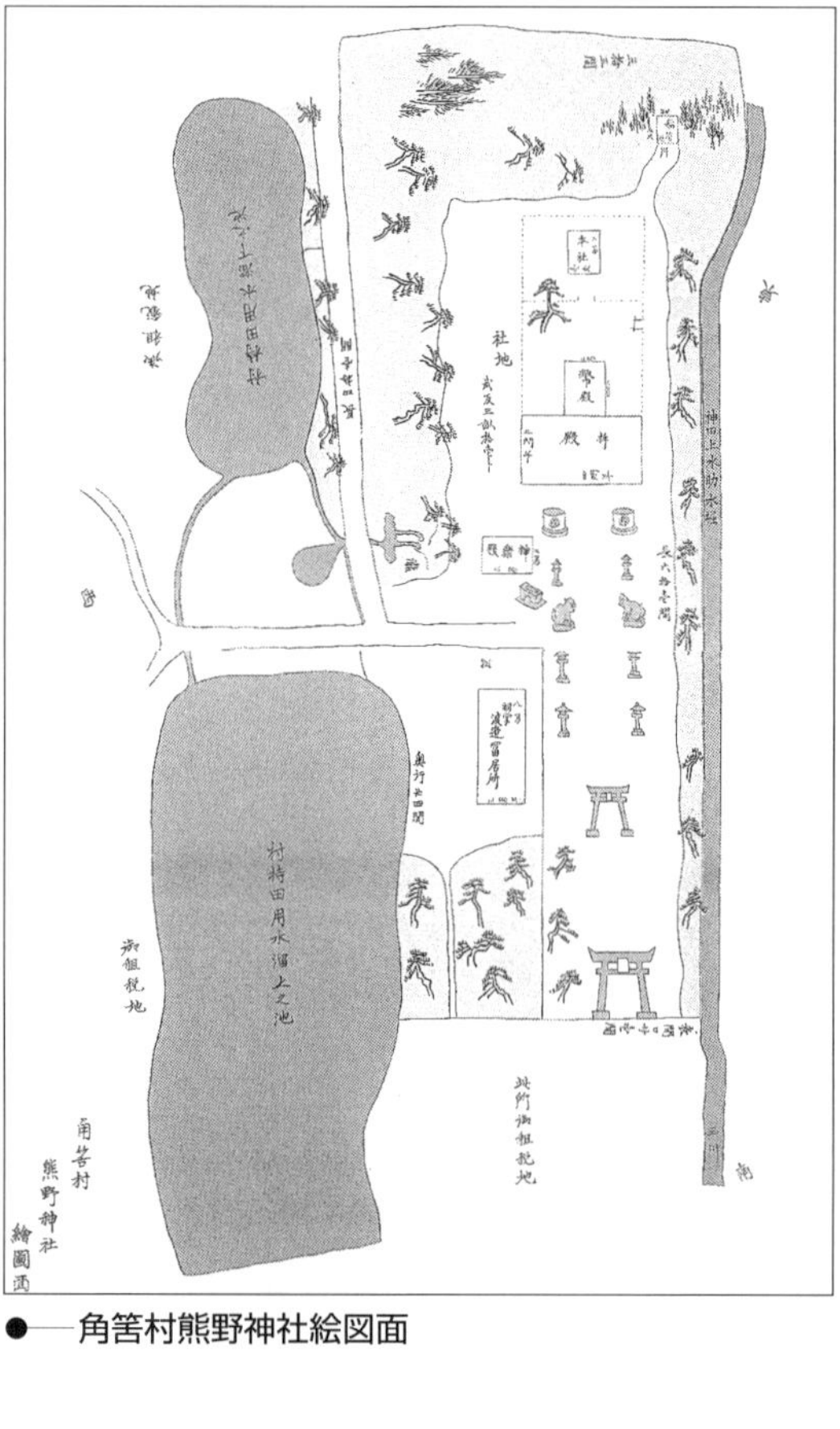

●──角筈村熊野神社絵図面

●—角筈村熊野十二社権現

代々木村新町から奉納された貝細工

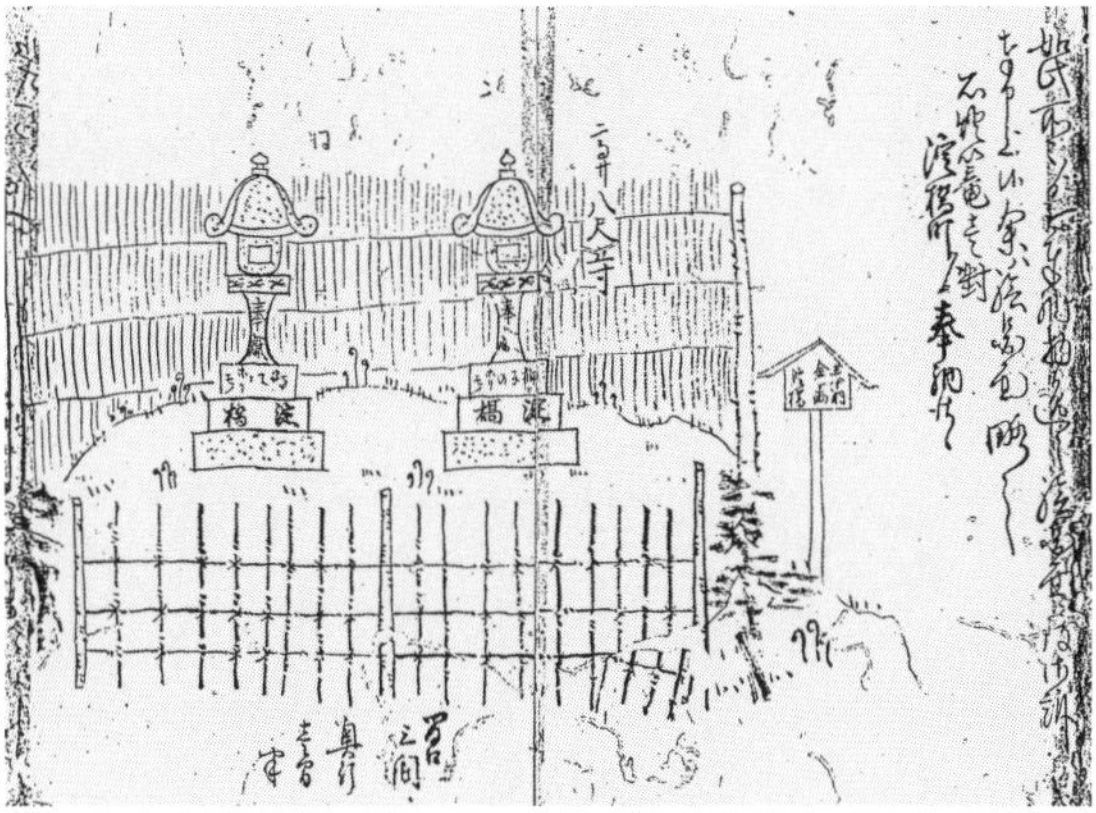

淀橋町から奉納された灯籠一対

新町・角筈・本郷・中野・淀橋・成子の子供中から奉納された籠細工

(天保十一)年四月二日から六月十八日まで行なわれた開帳をみてみよう。この開帳は十二社の修復費用を得るために、別当▲成願寺が何度も氏子中に懇願して行なわれることになった。開帳に先立って三月に近隣の角筈新町▲の留右衛門は、境内に二間四方の菰葺《まこもぶき》・葭簀張《よしずばり》の小屋を四一カ所掛けて飲食物を売りたいとし、さらに五間に八間の小屋二カ所を建て軽業や竹田からくり▲を行ないたいと、寺社奉行所に願い出て許可されている。

またこの開帳では、さまざまな奉納がなされた。まず四月には境内の茶屋中から、十二社の上の池に角乗《かくのり》▲が奉納された。そして角筈村に抱屋敷を所持する秋元但馬守の家中から石灯籠一対が、淀橋町からは灯籠一対と金一〇両が、成子町から青銅二〇〇貫文、四ッ谷箪笥町から手水《ちょうず》▲一〇〇筋が奉納された。また代々木村字新町からは獅子に牡丹の柄《がら》の貝細工を額面にしたものが奉納され、四ッ谷く組惣町中からは金二五両の奉納があった。

五月に入ると成子町から、木戸際の竹の腰掛台に女人形が腰を掛けてその脇に子供人形が虫籠を持って立っているという作り物と、銭二貫文の額札が奉納された。また新町・角筈村・本郷村・中野村・淀橋町・成子町の子供中から、

▼**別当**　ここでは神社の庶務をつかさどるもの。神仏習合の場合、寺院が神社の庶務をつかさどった。

▼**角筈新町**　角筈村に隣接した甲州街道沿いの町。四谷から移住してきた人たちが新たに町屋にした。現東京都新宿区。

▼**竹田からくり**　竹田近江が始めたからくり人形芝居。

▼**角乗**　水上で角材の上に乗って、操り動かすこと。または角材を水に浮かべ、それに乗って種々の軽業をすること。

▼**手水**　社寺などで参拝の前に手や口を清めること。

麦藁《むぎわら》細工の撞木《しゅもく》に蛇が絡みついている形になぞらえた籠細工と金一〇両の金札が差し出され、新町氏子中から拝殿▲前の両脇に鉄の天水溜一対と金三〇両の金札が奉納された。そして境内惣茶屋中から、先に上の池に奉納された角乗に代わって、筏《いかだ》の上で囃子方とともに子供手踊りが行なわれることになった。

このように十二社の近隣の町々や村々から多彩な奉納がなされており、それによる盛況や近隣の地域との交流が推測される。

以上みてきたように、角筈村鎮守熊野十二社権現は近世初頭以来の村内の有力者渡辺氏によって造営され、一七三四年に成願寺へ譲渡された。これは氏子全員の相談の上でなされ、氏子の意向が尊重された。その後、十二社脇の上の池と下の池の管理も渡辺氏から成願寺に譲られたが、村方の用水として使用され続けた。このように十二社は、角筈村の鎮守として村の人々の生活に大きく関わっていた。

また開帳についても、ここで取り上げた一八四〇年の場合にみられるように、成願寺の再三にわたる氏子中への懇願によって行なわれた。つまり開帳の開催は、氏子中の意向によって左右されたのである。また開帳に際しては、村の

▼拝殿　拝礼を行なうために、神社の本殿の前方に設けられた社殿。

人々は境内に小屋を掛けて飲食物を販売し、見世物興行を行なうなど「助成▲」を得ている。さらに近隣の村々や町々から多彩な奉納がなされ、開帳は角筈村の人々と江戸市中や近隣地域の人々との交流の場ともなった。このように十二社は、角筈村の鎮守として氏子である村の人々に支えられ、村の人々と多様な形で結びついていたといえよう。

▼**助成**　援助のこと。

⑤—宗教施設の役割

村方騒動と寺社

　先に述べたように江戸時代の寺院は、キリシタン禁制の枠組みの中で、支配機構の末端を担っていた。しかし寺院の地域における役割・機能は、単に支配の末端機構であるにとどまらず、さまざまな「公的」機能を果たしていた。このことを念頭に置いて、村方騒動において寺院や神社(寺社は一体化している場合も多い)が、どのような役割を果たしたのかについてみていこう。ここでは、文政年間(一八一八〜三〇)に起こった下総国葛飾郡藤原新田▲の「新神《しんがみ》騒動」と呼ばれる村方騒動を取り上げてみよう。

　藤原新田は、先述したように一六七五(延宝三)年に成立したが、元々水の乏しい原野で用水の施設もなかったので、圧倒的に下畑の多い村であった。このために諸木を植えつけて枝を伐り、近隣の行徳の塩浜の村々に薪として売り出し、それによって年貢を納め、あわせて村の人々の暮らしを補助していた。当時は行徳で製塩が行なわれており、塩竈《しおがま》の燃料として薪が必要だったのである。

▼藤原新田　五二ページ参照。

この村を開いたのは鈴木氏で、鈴木氏が藤原氏を称していたために、藤原新田と名づけられた。鈴木氏が本行徳の出身であったために、この村と行徳との関係は深かった。行徳の鎮守は神明社で、同じ行徳の寺院自性《じしょう》院の支配を受けていたが、藤原新田の鎮守も同じ神明社で自性院の支配下にあった。鈴木氏の檀那寺は行徳の円頓《えんとん》寺であり、また行徳の徳願《とくがん》寺は藤原新田に寺領を持っていた。

徳願寺は、一六九〇（元禄三）年にその寺領の中に観音堂を建立して堂守を置いた。これが藤原観音堂であり、多くの村人の信仰を集めた。藤原新田の名主は、開発主の鈴木家と分家の安川家が勤めた。安川家は、農業と金融によって富を集積して村を支配した。

この藤原新田で、先に述べたように文政年間に村方騒動が起こった。この騒動は、名主内蔵之助《くらのすけ》（安川家）に反対する百姓たちが「徒党之守護神」として前代官中村八太夫を祀ったために、「新神騒動」と呼ばれている。この前代官を祀るという特異な形態をとった新神騒動を、安川家に残されている膨大な史料によって検討し、騒動の特質、とりわけ騒動の背景にある村の人々と宗教生活との関わりについて考えてみよう。

　藤原新田では一八〇七（文化四）年頃から松喰虫《まつくいむし》が大量に発生し、一〇年後の一八一七年には松喰虫が食い荒らした分は下畑七五町二反五畝三歩に及んだ。当時藤原新田では、下畑一三一町二反五畝三歩のうち七七パーセントにあたる一〇一町四反九畝三歩に松の木が植え付けられ、その松木植付け反別のうち七四・九パーセントにあたる分の七五町二反五畝三歩が食い荒らされたわけで、被害の甚大さが窺《うかが》えるであろう。そのため一八一七年二月、名主内蔵之助・年寄文左衛門・百姓代権四郎は、揃って支配代官中村八太夫役所に年貢半減を願い出た。しかしこの願いは許されず、同年七月十二日に三名は、年貢引方不許可についての請書を代官役所に提出している。

　その後藤原新田では、さらにこの件について大目付中川飛騨守忠英に愁訴《しゅうそ》▲した。この愁訴は受理され、本件は勘定奉行土屋紀伊守廉直に回されて審議され、再び支配役所に戻された。その結果、一八一八（文政元）年から一〇年間、苗木植付けの手当金が一年に一五両ずつ、一〇年間で一五〇両が下付されることになった。

▼**愁訴**　なげきうったえること。

しかし一八一六年から一八一八年までの三年間、名主内蔵之助は訴訟のために数度にわたって江戸に赴《おもむ》き、その費用を立て替えていたために、立替金五二両を手当金から差し引いて小前百姓に割り渡すことにした。すなわち一八一八年から一八二〇年まで一年に一五両ずつ、一八二一年に七両、合計五二両を内蔵之助が取り、一八二一年に八両、翌年から一年に一五両ずつ小前百姓に渡すことにした。そしてこの手当金下付の方法をめぐって、村内に対立が生じたのである。

その後手当金下付をめぐる経緯は、複雑な様相を呈するようになった。一八二一年に至って小前百姓たちは内蔵之助に疑念を持ち、訴訟にかかった費用の帳簿を見せるように要求したが、内蔵之助は取り合わなかった。当時内蔵之助は、寺子屋を経営していたこともあって多くの書籍を持っており、この帳簿を書籍の中に取り紛らして見当たらなかったのである。このことに小前百姓たちは不満を持ち、内々に寄合を催すようになり、やがて藤原新田四七軒のうち三六軒の百姓が、年寄権四郎のもとに結集して内蔵之助と対立するようになった。

名主内蔵之助方と年寄権四郎方の対立が表面化したのは、一八二四年正月のことであった。翌年正月に内蔵之助方の百姓代新左衛門が支配代官山田茂左衛門役所に提出した訴状によれば、権四郎方の三六軒の百姓は他の一一軒と付合いを止めてしまっている。二月になると度々寄合を行ない、三月四日頃に三六軒が連判を取り交し、名主内蔵之助方の一一軒との付合いを止めるのみならず、名主宅へ日雇稼《ひやといかせぎ》に出る百姓に対しても共同体内制裁を行使することを決定している。

四月になると、徒党側の政右衛門の屋敷内に石の祠《ほこら》が建立された。これがいわゆる新神であるが、「徒党之守護神」として「中村大明神」と名づけられて祀られた。祠の正面には「文政七申四月」と日付を彫り、前代官中村八太夫を「中村大明神」と記し、さらに代官配下の元締三名について「柴田氏・百々瀬氏・富田氏武運長久」と祈願している。また祠の台座には、徒党三六人の姓名を刻みつけた。そして徒党側の百姓は、度々政右衛門宅へ集まり、酒宴を催して謡ったり踊ったりというように、村方騒動の状況を呈していた。

このような状況は、関東取締出役《かんとうとりしまりしゅつやく》▲(八州廻り)に伝わっていった。当時、関東取締出役は松戸《まつど》(現千葉県松戸市)に滞在中であったが、村役人が松戸に召し

▼**関東取締出役**　一八〇五(文化二)年に関東の治安維持強化を目的として設置され、水戸藩領を除く関八州の幕府領・私領の区別なく廻村し警察権を行使した。代官の手付・手代のなかから選任された。

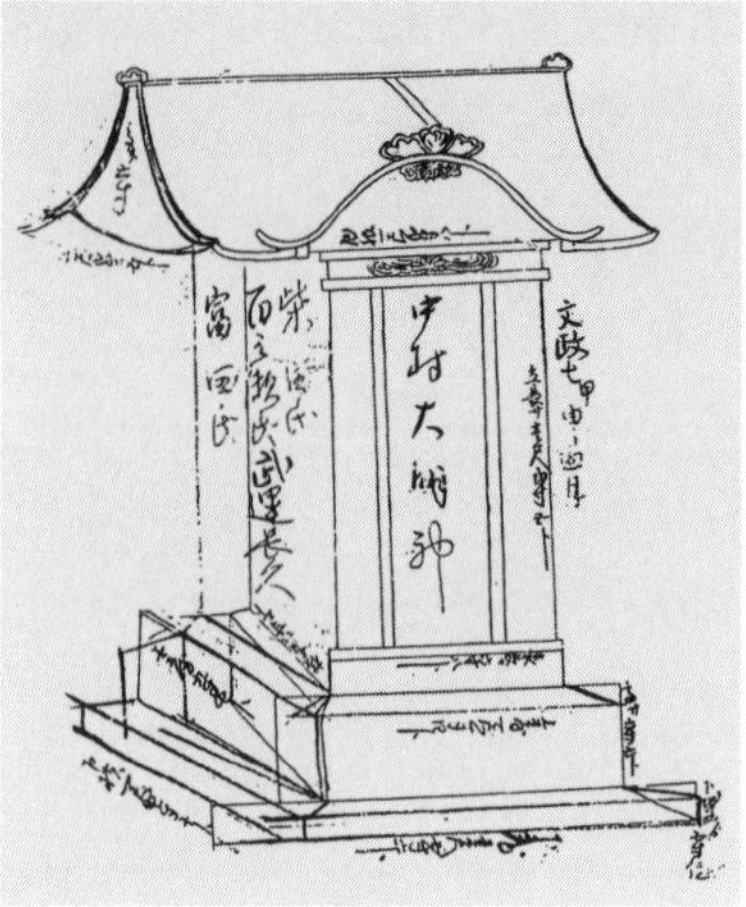

●—中村大明神絵図（安川家文書より）

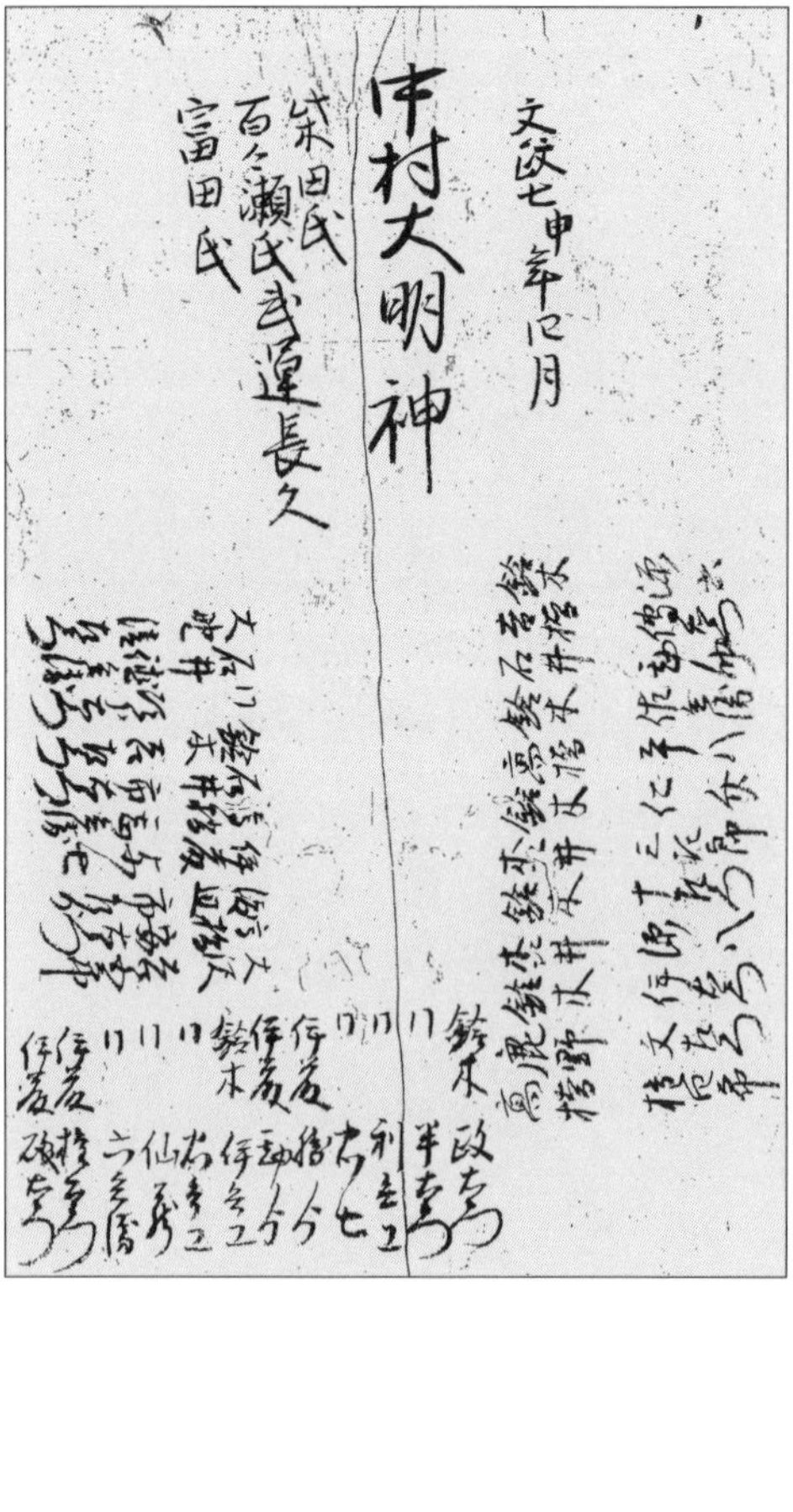

（文字部分拡大）

▼玄能　鉄鎚に似て大きく、頭の両端の尖らぬもので、石を割るのに用いる。

出されて取り調べられた。この時に石の祠は見分を受けたが、徒党側は玄能《げんのう》▲で祠に刻んだ文字を残らず打ち潰して関東取締出役に見せた。さらに石の祠建立の理由については、藤原新田の支配代官であった中村八太夫の旧恩に報いるためだと主張した。

その後徒党側は名主方と何かにつけて対立し、年貢納入に関する事以外は一切付き合わなくなった。また名主内蔵之助は、一八一一年から寺子屋を経営し、徒党の頭取権四郎の子ら二〇人が手習いに通ってきていたが、この騒動を契機に子供たちの通塾を止めてしまった。

一八二四年暮の十二月二十三日に、関東取締出役竹川又十郎が廻村して「新神」について取り調べるという風聞が藤原新田に伝わってきた。これに驚いた権四郎側は「新神」を埋めて隠し、証拠湮滅《いんめつ》を図った。一方内蔵之助は、関東取締出役に訴状を差し出してこの騒動の吟味を願い出た。

この一件の裁決は、翌一八二五年に持ち越されることになった。この間徒党側は、正月五日に「寄合始」と称して酒屋で寄合を行ない、大神楽を挙行して騒いで気勢をあげた。十一日から毎日、小百姓が寄合を行ない、十六日には村内の七面堂に三六人が集まっている。

やがて一件の吟味が始まり、その結果、徒党の頭取権四郎・政右衛門・文左衛門の三名が二月二十一日に入牢となった。三名は三月に出牢の上「宿預《やどあずけ》」▲となったが、その後も内蔵之助方との間に小競り合いが続いた。しかし八月になると、本件は取り下げられることになった。すなわち徒党側と名主側が、連名で勘定奉行所と代官山田茂左衛門役所に宛てて、一件の取下げを願い出たのである。この時に名主側と徒党側との間で、次のような議定が取り交された。

まず松苗植付手当金下付については、内蔵之助が紛失していた諸経費を記した勘定帳が見つかり、小前百姓たちの疑念が晴れた。そして新神については、もはや取り払って跡形もなくなったので、かまわないということになった。また、名主・組頭・百姓代が退役することになった。ここに、二年間にわたる新神騒動は終結した。けれども、その後も権四郎らは小前百姓らと寄合を開き、村内の対立は尾をひいていたらしい。

▼**宿預**　未決囚拘禁の方法の一つで、出府した被疑者を取調べ期間中公事宿(江戸宿)に預けること。

騒動と宗教

この騒動を特色づけることは、何といっても前代官中村八太夫を徒党の守護神と唱え、石の祠に祀ったことであろう。

ではなぜ、中村八太夫が祀られたのだろうか。一八一七(文化十四)年二月、名主内蔵之助・年寄文左衛門・百姓代権四郎が揃って中村八太夫役所に松喰虫発生による年貢引方を願い出た時に、八太夫はこれを許可していない。けれども内蔵之助らが大目付や勘定奉行に愁訴したために、年貢引方願の件は八太夫のもとに戻され、その結果、手当金が下付されることになった。このことを八太夫の「高恩」として、徒党側が新神として祀ったということになる。しかし手当金下付は、徒党側にとってのみ「高恩」ではなかった。内蔵之助は、もし八太夫を尊敬して新神に祀るのならば名主に報告して行なうべきだとしている。このように前代官中村八太夫は、あくまでも徒党正当化のための象徴として祀られ、徒党側の老獪《ろうかい》な意図があったといえよう。

さらにこの新神騒動の背景には、村内の宗教生活と深く結びついた動きもあった。藤原新田は、延宝年間(一六七三〜八一)に開発された新田村落である。

一般に新田村落が成立すると寺院が建立されるが、藤原新田では行徳をはじめとして近隣の村々の出身者が多く、出身地の寺院を菩提所(寺請寺院)としたために、僧侶が常住する寺院はなかった。村の人々の信仰を集めたのは、鎮守の神明社と観音堂・七面堂であった。神明社は本行徳の鎮守神明社を分祀したもので、観音堂と七面堂には堂守が住み寺僧の代行をしていた。これら堂社は行徳につながるもので、藤原新田と行徳との関係は深かった。このことは、藤原新田の開発主鈴木氏とその分家安川氏が行徳出身であり、両氏と村の堂社との関わりの深さを意味するといえる。

騒動が勃発する一年前の一八二三(文政六)年、年寄権四郎は内蔵之助が江戸に出かけている留守に、内蔵之助に断らずに藤原観音を開帳した。一六九〇(元禄三)年にこの地に観音堂が建てられた時に、行徳の徳願寺に納められていた観音が安置された。この観音は強盗に襲われた時に身代わりになったという伝承があり、身代わり観音とも呼ばれて当初より秘仏とされ、三三年に一度、日数を限って開帳されてきた。村の人々の信仰を集め、後に一八二八年に火事が起きると、村人たちは駆けつけて観音を運び出し、観音堂が焼失してしまう

●—藤原観音の開帳
最近では、1994(平成6)年に開帳された。

とその直後から再建に取り掛かり、その費用も村が中心となって勧化《かんげ》▲によって集めている。このように村の人々の信仰を集めている観音像を、権四郎は内蔵之助の不在中に一存で開帳してしまったのである。

同じく一八二三年、鎮守神明社が建て替えられた。この建て替えをめぐっても、内蔵之助と権四郎は対立した。この時に権四郎は、内蔵之助の反対を押し切って遷宮《せんぐう》▲を賑やかに挙行し、神楽芝居を興行している。そしてこの神明社再建については、新神騒動に際しても問題にされた。徒党側は、再建された神明社の棟札《むなふだ》▲に内蔵之助の倅《せがれ》亀蔵が願主と記されているのに、普請費用の不足分を支払わないと訴えた。これに対して内蔵之助は、亀蔵は願主ではなく世話人であると主張している。そして一八二五年八月に内蔵之助側と徒党側との間で議定が取り交されたが、この中で鎮守再建については、遷宮を賑やかに行なったことは「心得違《こころえちがい》」とし、棟札については「氏子中」と記すことになった。

また騒動の最中の一八二五年正月十六日、徒党側は七面堂に集まって三六人が連判して徒党を成立させている。七面堂の寮には堂守がいて寺僧の代行をしていたのだが、ここでは寺堂が徒党結束の場所となったことを確認しておこう。

▼**勧化**　寺院の建立・修復などのために寄進をつのること。

▼**遷宮**　神殿を造営、または改修する時に神座を移すこと。また、その祭儀。

▼**棟札**　建物の新築や修理の際、上棟の時などに棟木や束《つか》、梁などに打つ木の札。建立の日時・施主・工匠・祈願の文言を記す。

以上みてきたように、藤原新田では鎮守神明社や観音堂・七面堂が村の人々の信仰を集めてきた。名主内蔵之助は、これら堂社の運営を掌握することによって村を平穏に治めていこうと図っていた。一方権四郎は、一存で藤原観音の開帳を強行し、鎮守神明社の遷宮を賑やかに挙行したのである。これは権四郎一人の意図というよりは、村の人々の願いを反映したものであっただろう。なぜならば権四郎と内蔵之助が対立すると、藤原新田の百姓四七軒のうち三六軒が権四郎側に加担したからである。すなわち権四郎は、村の人々の願いを背景に堂社のさまざまな行事を挙行することによって、村政の掌握を意図したのではないだろうか。このような状況のなかで前代官中村八太夫が徒党の守護神として祀られ、堂社が徒党結束の場とされていったといえよう。

十九世紀初期に起きた村方騒動が、徒党の守護神として新たな神を創出し、そのもとに小前百姓たちが結束して村落支配者と対決していく精神的紐帯《ちゅうたい》となったことは、注目すべきであろう。

文化の大一揆と寺社

一八一一(文化八)年十一月から翌年三月にかけて、豊後岡藩領より始まって同臼杵藩領に波及し、その後豊後・豊前の各地域に展開した一揆があった。これを文化の大一揆と呼ぶが、広域闘争として、また最初に世直し大明神が登場した一揆として著名である。ここでは、この一揆のさまざまな場面で登場する寺社に注目してみよう。

一八一一年十一月十八日夜、豊後岡藩城下西方四原《よばる》の百姓の一五歳から六〇歳の男子全員が、ほら貝・鉦・太鼓をならして山刀・竹槍・大鎌・鉄砲などを持って、玉来町《たまらい》(現大分県竹田市)近くの吉田峠と鍵畑《かぎはた》に集結した。その数は、二〇〇〇人とも四〇〇〇人ともいわれた。文化の大一揆の始まりである。この時に玉来町の女子どもは、寺院に逃げ込んでいる。郡奉行の長尾助五郎は、玉来町の庄屋や横目の大津金左衛門を一揆勢のもとに派遣して説得させたが成功せず、さらに城下の光西寺の僧侶を遣わしたが追い返された。翌朝になると、今度は満徳寺の僧を遣わしたが、これもまた逃げ帰ってきた。一揆勢は玉来町に押し寄せ、さらに城下近くの山手河原に進み気勢をあげた。

▼**世直し大明神**　世直しとは、幕末・維新期に社会的・政治的変革を期待する民衆の意識をさす。世直しのために祀られた神。

▼**四原**　柏原《かしわばる》・葎原《むぐらばる》・恵良原《えらはる》・菅生原《すごうばる》のこと。

▼**玉来の寺院**　玉来町には真宗の光明寺・真正寺があった。

▼**光西寺**　真宗寺院。一五八一(天正九)年に玉来に庵が建てられ、一五九四(文禄三)年に初代岡藩主中川秀成より城下西に土地を賜り移転。一六〇三(慶長八)年寺院建立。その後焼失し一六八七(貞享四)年に藩主より新たに土地を拝領して伽藍を建立。

▼**満徳寺**　真宗寺院。一四七〇(文明二)年に豊後直入《なおいり》郡に創建。幾度か火災に遭い、一七〇一(元禄十四)年五代岡藩主中川久通より城下に土地を賜り、翌年再建。

●竹田市玉来の現在の町並み　一揆勢が最初にはいりこんだ。

そして一揆勢は、長尾助五郎に次のような要求をした。すなわち、惣奉行横山甚助による専売制や新規課税を中心とした新法の廃止、新法により設置された御物会所・製産会所・塩問屋の破却、横山の屋敷や新法に加担した商人明石屋惣助宅の破却などである。長尾は惣奉行井上十郎左衛門に報告し、井上は家老中川平右衛門らと協議して御物会所・製産会所の活動を停止して諸品買い上げをやめることにしたため、一揆勢は帰村した。その後山手河原ら数カ所に、「四原世直大明神」と記された高札がたてられた。これが、世直し大明神の最初の例である。

以上、その後数カ月におよぶ文化の大一揆の発端についてみてきたが、ここで寺院の担った役割について次のように指摘することができる。まず寺院が、一揆勢に襲われた町の人々の避難所となっていることである。玉来町の女子ども全員は、寺院に逃げ込んでいるのである。そして寺院は、藩の要請によって一揆勢への説得を試みている。岡藩は寺院が一揆勢を説得できるのではないかと考えたのであり、寺院は藩と領民との間にあって調停を行なう役割を期待されたといえよう。

▼**弁指**　臼杵藩では領地を五三組に分け、組に村々を所属させた。一組ごとに一庄屋を設置し、村々には弁指一～二名を置いた。

四原の一揆はまたたくまに岡藩領内に波及するが、十二月二十日夜になると岡藩に隣接する臼杵藩領三重《みえ》で一揆勢が蜂起した。当時臼杵藩では藩財政建て直しのために、岡藩と同じように人別銭賦課、頼母子講組み立てによる財政運用資金の調達、紙専売制などによる「文化の新法」が、中西右兵衛を中心に推進されていた。翌二十一日、三重・野津《のつ》・川登《かわのぼり》の約二万人が呼応して、庄屋、弁《べん》指《ざし》▲、紙方役所や新法に連なる商人宅などを打ちこわした。同日、藩側は郡奉行や代官を説得に派遣し、中西右兵衛も野津市まで出向いたが、さんざんに打《ちょう》擲《ちゃく》されて寺院に逃げ込んだ。午後になると家老加納玄蕃が野津市に出馬し、夜半に至り一揆勢は、玄蕃の説得に従って四〇カ条の願書を提出して新法の廃止を要求した。そして要求のうちいくつかが認められて、一揆は終息した。

さらに二十二日から二十三日にかけて、吉野・戸次・丹生・森町・横尾方面の百姓六〇〇〇人が各所で打ちこわしを行ない、二十三日夜には稙田《わさだ》組からの参加を加えて七〇〇〇人が大津留《おおつる》河原に集結した。一揆勢は臼杵城下への強訴を企てたが、近隣の龍泉寺・法雲寺・専念寺・願行寺が一揆勢の願いを藩に取り次ぐと説得したために、一揆勢は解散するに至った。この一揆により臼杵藩は、十二月二十一日に新法の廃止を約束し、二十三日には中西右兵衛を罷免し、ここに新法は挫折した。この臼杵の一揆でも、寺院が一揆勢の願いを藩に取り次ぐという役割を果たしている。

翌一八一二年正月になると、一揆は豊後にある延岡藩領や佐伯藩に波及した。そして豊後大分・海部・直入の三郡にわたって肥後藩領二万三〇〇〇石余りがあったが、ここにも不穏な動きが起こった。また豊後直入郡下田北郷一二カ村は幕府領で日田代官所の支配を受けていたが、ここでも一揆に至らなかったが、百姓五〇〇人が岡藩の一揆の影響を受けて鎮守八社神社(黒烏明神)に集まっている。

その後二月、一揆は豊後から豊前へ波及した。このように文化の大一揆は、豊前・豊後の広範囲にわたって展開し、十八世紀半ば以降の領主財政悪化打開のために推進された、商品流通に新たな財源を求めた新法政策を破綻させた。そしてこの一揆で注目すべきことは、寺社がさまざまな場面で役割を果たしていることである。それは、一揆に襲われた人々を保護する避難所としての役割であり、さらに一揆側に集結する場を提供し、一揆側の要求を領主側に取り次ぐことであった。また藩の要請に応じて一揆勢を説得しており、領主側と一揆勢との間にあって調停を行なっている。寺社がこのような役割を担うことができたのは、単に支配の末端機構にとどまらず、常日頃から民衆と宗教行事などを通じて密接な関わりを持っていたからではないだろうか。

⑥——キリシタン禁制の終末

開国と絵踏制の終焉

一八五三(嘉永六)年六月、ペリーが浦賀《うらが》に来航し、翌年には日米和親条約が調印され、ここにキリシタン禁制を支えた一環である「鎖国」制が崩れたのである。そしてアメリカ合衆国をはじめ諸外国との通商条約の締結交渉が進む中で、合衆国総領事ハリスやオランダ商館長クルティウスらの努力によって、一八五七(安政四)年十二月に長崎奉行荒尾石見守から絵踏制廃止の布告が出され、長崎奉行所の踏絵板はその宗門庫に収蔵された。しかしその後数年間は長崎以外の地で絵踏は実施されていたが、ともあれキリシタン禁制の一角が崩れ去ったといえる。

翌一八五八年、日米修好通商条約が調印されるが、そのなかで日米相互の信仰が保障され、アメリカ人が居留地に礼拝堂を建てキリスト教の礼拝を行なうことが認められている。居留地内に限定されたとはいえ、キリスト教信仰が認められ、ここにキリシタン禁制は大きく後退した。

キリシタン禁制終焉へ

開国によって、外国人居留地に教会が建立されることになった。一八六五(元治二)年一月、長崎の居留地にパリ外国宣教会▲により大浦《おおうら》天主堂が完成した。二月、浦上《うらがみ》の隠れキリシタンの一行が教会を訪れ、三人の女性がプチジャン神父にキリシタンであることを告白した。これを機に長崎周辺の隠れキリシタンたちが、神父と連絡をとるようになりその指導下に入った。

一八六七(慶応三)年、浦上ではキリシタンが庄屋や檀那寺に知らせずに死者を埋葬する自葬が相次いだ。キリシタンは信仰を表明し、檀那寺との関係を絶って寺請制度を拒否した。六月になると長崎奉行所は、浦上の教会を襲撃して指導的立場にあったキリシタンを捕縛した。これが、いわゆる浦上四番崩れの始まりである。これに対して諸外国が抗議し、九月に釈放されて帰村することになったが、その後も長崎奉行所の監視下に置かれた。そしてまもなく幕府が瓦解することになり、浦上キリシタン問題は維新政府に引き継がれることになった。

一八六八年三月、江戸幕府は瓦解した。三月十五日、新政府は旧幕府の制札

▼**パリ外国宣教会**　一六五四年に外国、特にアジアの布教のために創設されたフランス語を母国語とする教区司祭の会。布教事業にのみ専念することを目的とした。

●—東京日本橋風景(孟斎芳虎画)　石垣の上に立てられた高札の何枚かは、五榜の掲示。五榜とは、五枚の木札を意味する。

を撤去して五榜《ごぼう》の掲示《けいじ》を全国に示した。このなかの一枚に「キリシタン宗門制禁」が示され、旧幕府のキリシタン禁制は受け継がれた。明治政府は最初、神道国教化政策を採り、それと連動して各地で廃仏毀釈《はいぶつきしゃく》運動が展開した。そのために神社氏子調制度を採る方針を固め、一八七一(明治四)年七月に大小神社氏子調令を出して全国に実施し、神道を強制的に信仰させようとした。そして十月には宗門人別帳制度、すなわち寺請制度が廃止された。しかし氏子調は実際には実施されず、一八七二年の壬申《じんしん》戸籍《こせき》の作成、翌一八七三年のキリシタン禁制高札の撤廃によって氏子調制度は崩壊するに至った。

成立まもない新政府は、五榜の掲示によってキリシタンを邪宗門として禁止し、同年浦上キリシタンの流罪・移送を決定した。同年末、キリシタン三三九四人が二〇藩に移送され預けられた。

このことは、諸外国から度々、執拗に抗議された。一八七一年秋、外務卿岩倉具視《ともみ》を全権大使とする使節団が欧米に出発した。使節団は諸外国で、浦上キリシタン問題を追及されて「信教の自由」を要求された。一八七三年二月、岩倉はついに留守政府に打電してキリシタン禁制政策の中止を求めた。これによってキリシタン禁制高札は撤去され、浦上キリシタンの帰村も許され、ここにキリシタン禁制は終焉した。

しかし高札の撤去は、法令の伝達方式が変わったにすぎないともいわれ、キリスト教信仰が完全に許されたわけではなく、陰に陽にキリスト教への弾圧は続いた。また浦上四番崩れの発端となった自葬も、キリスト教の防止と民衆教化のために一八七一年に設置された教導職が廃止される八四年まで許されなかった。しかし一八八九年の明治憲法によって、括弧付きながら「信教の自由」が認められ、ここにキリスト教禁止は終結したのである。

●—写真所蔵・提供者一覧(敬称略，五十音順)

『江戸名所図会』　扉, p. 62下
『大分県きりしたん文化の遺跡と遺物』(野津キリシタン記念資料館)　p. 45中
勝井規和・世界文化フォト　カバー表
熊本大学附属図書館　p. 45上
慶應義塾大学古文書室　p. 75
国立国会図書館・『地図で見る新宿区の移り変わり』(新宿区教育委員会)　p. 74下
国文学研究資料館史料館　p. 99
新宿歴史博物館　p. 74上
竹田市教育委員会　p. 9下, p. 93
竹田市立歴史資料館　p. 9上
東京国立博物館　カバー裏, p. 19
中山義男・船橋市教育委員会　p. 62上
(財)林原美術館　p. 13
船橋市教育委員会　p. 89
(財)松浦史料博物館　p. 6
南有馬町教育委員会　p. 27
安川厚・船橋市教育委員会　p. 84
ローマイエズス会本部・『北方探検記』(吉川弘文館)　p. 16
綿貫啓一　p. 69
著者　p. 45下

製図：曾根田栄夫

2, 1935年
南豊了仁寺史編纂委員会『南豊了仁寺史』了仁寺(菊池英弘), 1982年
旧『野津町誌』野津町, 1965年
野津町誌編さん室編『野津町誌(上)』野津町, 1993年
『船橋市史　前篇』船橋市役所, 1959年
藤木久志『織田・豊臣政権』小学館, 1975年
青木美智男『近世尾張の海村と海運』校倉書房, 1997年

④—地域における宗教生活

エンゲルベルト・ケンペル著・今井正訳『日本誌—日本の歴史と紀行—』霞ケ関出版, 1973年
村井早苗「幕末期下総国葛飾郡高根村における生活」『船橋市史研究』10, 1995年
「渡辺家文書」慶應義塾大学古文書室所蔵

⑤—宗教施設の役割

村井早苗「村方騒動と寺社〔下総国葛飾郡藤原新田〕」藤木久志・荒野泰典編『荘園と村を歩く』校倉書房, 1997年
「安川家文書」安川厚氏所蔵
「党民流説」豊田寛三・秦政博・揩本譲司編『文化一揆史料集(1)党民流説』大分県地方史研究会, 1984年
後藤重巳・豊田寛三『大分の歴史(6)農民と一揆』大分合同新聞社, 1978年

⑥—キリシタン禁制の終末

海老澤有道『維新変革期とキリスト教』新生社, 1968年
鈴江英一『キリスト教解禁以前』岩田書院, 2000年

村井早苗「琉球におけるキリシタン禁制」岸野久・村井早苗編『キリシタン史の新発見』雄山閣出版, 1996年
永田富智「蝦夷の切支丹」『切支丹風土記　東国編』宝文館, 1960年
五野井隆史「キリシタン文献にみる蝦夷の金山とキリシタン」『キリシタン文化研究会報』9 −1, 1966年
五野井隆史「イエズス会宣教師と琉球」『キリスト教史学』53, 1999年
真栄平房昭「鎖国形成期のキリシタン禁制と琉球」箭内健次編『鎖国日本と国際交流　上巻』吉川弘文館, 1988年
H・チースリク編『北方探検記』吉川弘文館, 1962年
マリオ・マレガ『豊後切支丹史料』サレジオ会, 1942年
マリオ・マレガ『続豊後切支丹史料』ドン・ボスコ社, 1946年
森徳一郎「尾濃のキリシタン」『切支丹風土記　近畿・中国編』宝文館, 1960年
柴田亮「愛知県丹羽郡高木村小島三保次氏所蔵切支丹関係文書の解釈」『史苑』(立教大学史学会) 5 −2, 1930年
『旧記雑録　後編』(鹿児島県史料)巻86・89・94・95
『松前町史通史編　1巻上』松前町, 1984年

②―キリシタン禁制制度の確立

『稲葉家譜』臼杵市立臼杵図書館所蔵
九州史学研究会昭和42年度大会近世史部会報告「島原の乱」『九州史学』41, 1967年
松田毅一『キリシタン研究第一部・四国篇』創元社, 1953年
溝渕利博『讃岐キリシタン史』日新堂, 1996年
清水紘一「宗門改役ノート」『キリスト教史学』30, 1976年
姉崎正治『切支丹宗門の迫害と潜伏』同文館, 1926年
馬場憲一「諸国巡見使制度について」『法政史学』24, 1972年

③―宗門改はどのように行なわれたのか

今村義孝「宗門改政策の問題点―初期の宗門改について」『キリシタン文化研究会報』12− 3・4 , 1970年
『大分県史　近世篇 4 』1990年
『長崎平戸町人別帳』九州大学文学部九州文化史研究所 ,1965年
蘆田伊人「『切支丹改め』の開始年代を確定する一史料」『歴史地理』65−

●—参考文献

海老澤有道『日本キリシタン史』塙書房, 1966年
清水紘一『キリシタン禁制史』教育社, 1981年
五野井隆史『日本キリスト教史』吉川弘文館, 1990年

なぜ我々は仏式で葬られるのだろうか

辻善之助『日本仏教史』近世篇, 岩波書店, 1952〜1955年
藤井学「江戸幕府の宗教統制」旧『岩波講座日本歴史』11, 1963年
竹田聴州「近世社会と仏教」『岩波講座日本歴史』9, 1975年
大桑斉『寺檀の思想』教育社, 1979年
圭室文雄『江戸幕府の宗教統制』評論社, 1971年
宮田登『近世の流行神』評論社, 1972年
高埜利彦『近世日本の国家権力と宗教』東京大学出版会, 1989年
村井早苗『幕藩制成立とキリシタン禁制』文献出版, 1987年
齋藤悦正「近世社会の『公』と寺院」『歴史評論』587, 1999年
齋藤悦正「近世新田村における村落寺院」『史観』141, 1999年
齋藤悦正「百姓一揆にみる寺院と地域」『民衆史研究』64, 2002年
齋藤悦正「下野世直しにおける民衆と地域秩序」阿部昭・長谷川伸三編『明治維新期の民衆運動』岩田書院, 2003年
齋藤悦正「地域寺院と村秩序」『史料館研究紀要』34, 2003年
齋藤悦正「近世中期村社会における由緒の形成と寺院」『史観』152, 2005年

①—キリシタン弾圧の展開

早稲田大学図書館所蔵「池田文庫藩政史料マイクロ版集成」
尾山茂樹『備前キリシタン史』私家版, 1978年
圭室文雄「岡山藩のキリシタン禁制」下出積與編『日本宗教史論纂』桜楓社, 1988年
妻鹿淳子「岡山藩のキリシタン」『岡山県史6　近世1』山陽新聞社, 1984年
村井早苗「キリシタン禁制をめぐる岡山藩と幕府」岡山藩研究会編『藩世界の意識と関係』岩田書院, 2000年
村井早苗「蝦夷島におけるキリシタン禁制」『史艸』(日本女子大学史学研究会)35, 1994年

日本史リブレット37

キリシタン禁制《きんせい》と民衆《みんしゅう》の宗教《しゅうきょう》

2002年7月25日　1版1刷　発行
2024年8月20日　1版6刷　発行

著者：村井早苗《むらいさなえ》

発行者：野澤武史

発行所：株式会社 山川出版社

〒101－0047　東京都千代田区内神田1－13－13
電話　03(3293)8131(営業)
03(3293)8135(編集)
https://www.yamakawa.co.jp/

印刷所：信毎書籍印刷株式会社

製本所：株式会社 ブロケード

装幀：菊地信義

ISBN 978-4-634-54370-6

日本史リブレット　第Ⅰ期［68巻］・第Ⅱ期［33巻］　全101巻